中等职业教育汽车类专业系列教材

QICHE JIXIE JICHU

汽车机械基础（第二版）

主　编　张志强　达贵纯

副主编　闫正冰　彭树娟　付芳芳

编　者　肖　丽　武　莉　唐斌武　肖　茂

主　审　谢云峰

重庆大学出版社

内容提要

本书根据中职院校汽车类专业的教学实际，在遵循“贴近专业实践、会合专业能力培养定位、有利学生学习”的原则，结合汽车专业领域的职业要求而编写。全书共分汽车常用机构、动力传动、机械联接、常用零件4个项目，将汽车相关机械基础知识紧密围绕汽车专业特点展开讲述。

图书在版编目（CIP）数据

汽车机械基础 / 张志强，达贵纯主编. -- 2版. -- 重庆 : 重庆大学出版社，2019.10（2024.7重印）

中等职业教育汽车类专业系列教材
ISBN 978-7-5624-9889-6

Ⅰ.①汽… Ⅱ.①张… ②达… Ⅲ.①汽车－机械学－中等专业学校－教材 Ⅳ.①U463

中国版本图书馆CIP数据核字(2019)第230889号

中等职业教育汽车类专业系列教材
汽车机械基础（第二版）
Qiche Jixie Jichu

主　编：张志强　达贵纯
副主编：闫正冰　彭树娟　付芳芳
主　审：谢云峰

责任编辑：陈一柳　　版式设计：章　可
责任校对：关德强　　责任印制：赵　晟

*

重庆大学出版社出版发行
出版人：陈晓阳
社址：重庆市沙坪坝区大学城西路21号
邮编：401331
电话：（023）88617190　88617185（中小学）
传真：（023）88617186　88617166
网址：http://www.cqup.com.cn
邮箱：fxk@cqup.com.cn（营销中心）
全国新华书店经销
重庆正文印务有限公司印刷

*

开本：787mm × 1092mm　1/16　印张：8.75　字数：220千
2016年8月第1版　2019年10月第2版　2024年7月第9次印刷
ISBN 978-7-5624-9889-6　定价：29.00元

序言

近年来，作为国家经济建设支柱、在国民经济中占有举足轻重地位的汽车工业在我国得到高速发展，汽车维修与检测设备现代化、检测资讯网络化、管理电脑化等变革性趋势，改变了我国传统的汽车维修观念和作业模式。同时，教育部组织制定了《中等职业学校专业教学标准（试行）》，这对于探索职业教育的规律和特点，创新职业教育教学模式，规范课程、教材体系，推进课程改革和教材建设，具有重要的指导作用和深远的意义。所以，中职学校汽车类专业的教学内容也发生了很大的变化。

基于以上情况，重庆大学出版社组织全市中职学校汽车类专业的一线骨干教师，在高校专家的指导下，在相关企业专家的帮助下，共同编写了《中等职业教育汽车类专业系列教材》。本套教材在《国家中长期教育改革和发展规划纲要（2010—2020）》指导下，以《中等职业教育汽车运用与维修专业课程标准》为依据，遵循“拓宽基础、突出实用、注重发展”的编写原则进行编写，使教材具有如下特点：

（1）理论与实践相结合。每本书都采用“项目—任务”的形式编写，通过“任务描述”“任务目标”“相关知识”“任务实施”“任务评价”“任务检测”等板块，明确学习目的，丰富教学的传达途径，突出了理论知识够用为度，注重学生技能培养的中职教学理念。

（2）充分体现以学生为本。针对目前中职学生学习的实际情况，注意语言表达的通俗性，版面设计的可读性，以任务方式组织教材内容，突出学生对知识和技能学习的主体性。

（3）与行业需求相一致。教学内容的安排、教学案例的选取与行业应用相吻合，使所学知识和技能与行业需要紧密结合。

（4）跟上行业发展。本套教材注意反映汽车行业的新技术、新水平、新趋势，特别是通过实时更新数字资源内容，使教学与行业发展不脱节。

（5）将素质教育融入其中。在教材中，结合教学案例有机地对学生进行素质教育，包括爱国、爱家、遵纪守法、职业素养、职场安全等内容。

（6）强调教学的互动性。通过"友情提示""试一试""想一想""练一练"等栏目，建立教学互动平台，把教与学有机结合起来，增加学生的学习兴趣，培养学生的自学能力和创新意识。

（7）重视教材的立体资源配套。本套教材建有数字化教学平台，内容涵盖每门课程的课程目标、电子教案、教学PPT、教学资源（视频、动画、文字、图片）、测试题库、考核方案等，为教学提供支撑。特别通过二维码技术，将资源与纸质教材有机结合起来。

（8）装帧设计新颖。采用双色和彩色印刷，色彩搭配清新、明丽，版式设计具有现代感，符合中职学生的审美趣味。

总之，这套教材实用性和操作性较强，能满足中等职业学校汽车类专业人才培养目标的要求，能满足学生对汽车类专业技术学习的不同需要。希望这套教材能受到广大师生们的喜欢，为中职学校汽车类专业的发展作出贡献。

编写组

2016年5月

前言

《汽车机械基础》根据中职汽车类专业的教学实际，在遵循“贴近专业实践、结合专业能力培养定位、有利学生学习”的原则，结合汽车专业领域的职业要求而编写的。本教材将汽车相关机械基础知识紧密围绕汽车专业特点展开阐述，实现机械知识与汽车专业知识的有机接合，突出介绍机械基础知识在汽车专业上的运用，很好地体现了汽车专业学习中的基础性和实用性，具有专业培养的针对性。它与汽车专业的其他课程密切相关，具有承上启下的作用。本教材具有明显的汽车专业特色，一般的《机械基础》着重于讲述机械方面的普遍性问题，而本教材既讲述了机械方面的普遍性问题，更着重讲述了在汽车中所具有的特殊性问题。

《汽车机械基础》不仅能为后续的《汽车发动机构造与维修》《汽车底盘构造与维修》等专业课程打下紧实的理论基础，还可为学生以后走上工作岗位所接触的新车型、新设备的维修、使用等提供必要的理论基础和基本知识。

本书由张志强、达贵纯、闫正冰、彭树娟、付芳芳、肖丽、武莉、唐斌武、肖茂等参与编写，其中由张志强、达贵纯任主编，闫正冰、彭树娟、付芳芳任副主编。全书由张志强负责统稿，重庆理工大学车辆工程学院黄泽好教授和重庆市九龙坡职业教育中心谢云峰高级讲师审稿。

《汽车机械基础》的编写参考和引用了很多文献资料及图片，在此，对参考文献的作者表示衷心的感谢。由于编者水平所限，而且汽车文化涉及领域很广，书中难免有错误和不当之处，敬请专家和各位读者批评指正。

编　者

2021年5月

目录

项目一　常用机构

项目二　动力传动

项目三　机械联接

项目四　常见零件及润滑

参考文献

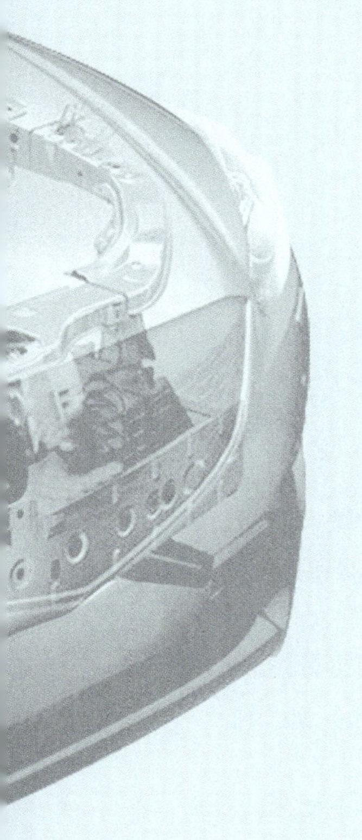

项目一 常用机构

任何机器都是人为的实物组合体，组成机器的各部分之间具有明确的相对运动，机器要完成特定的功能必须利用机构来实现运动的传递或运动方式的转变。汽车就是一台由多种机构组成的、能做有效机械功和进行能量转换的机器。汽车上常用的机构有平面连杆机构、凸轮机构及棘轮机构等，汽车的一些看似复杂的功能就是通过这些简单的机构来实现的。

任务一 认识平面连杆机构

任务描述

本任务主要介绍了平面连杆机构的组成、基本形式、特性，常见四杆机构的应用及铰链四杆机构的演化。通过对汽车所应用的典型机构的分析，认识机器、机构、构件、零件等概念。识记曲柄摇杆机构、双曲柄机构、双摇杆机构的特点，理解曲柄滑块机构、导杆机构、摇块机构和定块机构的特点。

关键点：平面连杆机构的类型、特征及应用。

任务目标

完成本任务的学习后，你应：

★ 能说出零件、构件、机构、机器的关系和区别；

★ 能描述铰链四杆机构的组成；

★ 能识别不同平面连杆机构的类型；

★ 能说出铰链四杆机构的演化及在汽车上的应用。

任务实施

一、机器和机构

在日常生活和工作中，经常使用的各种生产工具、加工设备等通常被人们称为机器。例如，汽车、洗衣机、缝纫机等都是最常见、最普通的机器。机械是机器和机构的总称。

1. 零件

从制造角度看，机器是由若干个零件组成的。零件是机器组成中不可拆分的最小单元。因此，零件是机器的制造单元。

2. 构件

由一个或几个零件刚性地连接在一起，作为一个整体而运动，这一个整体就称为一个构件。这些刚性连接在一起的零件之间不能产生任何相对运动，构件是机器组成中最基本的运动单元。例如，发动机中的连杆（图1–1）就是由连杆体、连杆盖、螺栓和螺母等零件刚性地连接在一起。在运动过程中，这一刚性连接体就是一个构件，是一个独立的运动单元。一个不与其他任何零件刚性连接的单独零件，构件也可以是一个简单的结构（如发动机的曲轴）。

3. 机构

机构由多个构件以一定的方式连接而成，它的主要功用在于传递运动或转换运动形式，但它不能做机械功，也不能转换能量。例如，发动机中的活塞、连杆、曲轴及机体组合成一个机构，称为活塞连杆机构（亦称为曲柄连杆机构），如图1–2所示，它能实现曲

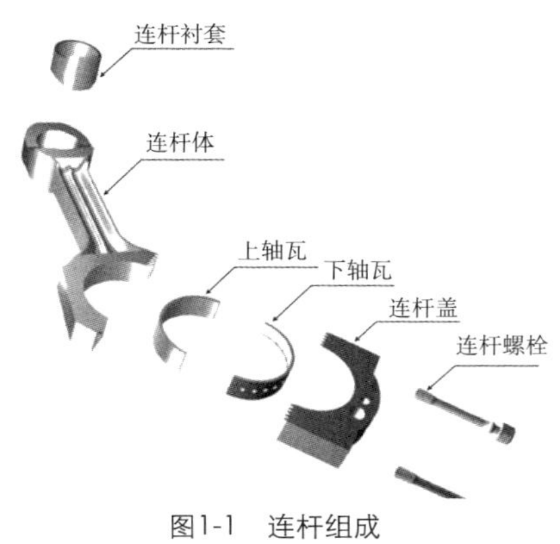

图1-1 连杆组成

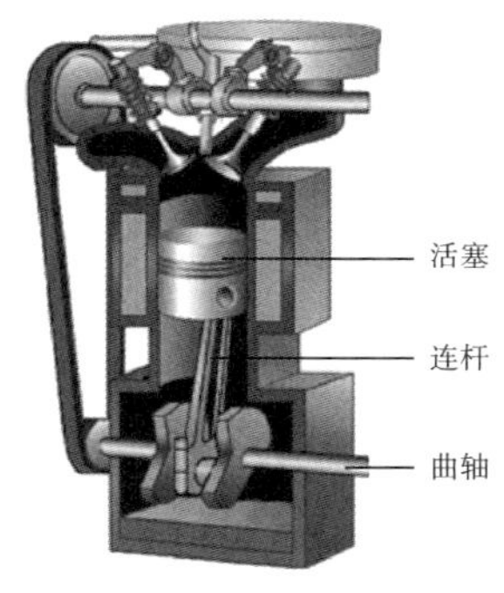

图1-2 单缸内燃机

轴的旋转运动与活塞的往复移动的相互转换。

4. 机器

尽管机器种类繁多，构造、性能和用途各异，但它们之间却存在着一些共同的特征。

特征一：任何机器都是人为的实物组合体。如图1-2所示，单缸内燃机是由曲轴、连杆、活塞、气缸等许多实物组成的。

特征二：组成机器的各部分之间具有确定的相对运动。如图1-2所示，活塞在气缸中的运动，可变为曲轴的连续转动。

特征三：能代替或减轻人类的劳动，产生机械功或实现能量转换。例如，汽车发动机把燃料燃烧产生的热能转化为机械能，最终通过传动系将动力传给驱动车轮，驱动汽车行驶。又如发电机是把其他形式的能量转化为电能，而电动机却是把电能转化为机械能。

由此可见，机构只是具备了机器的前两个特征，不做机械功和进行能量转换，其功能在于传递或转换运动形式。而机器是具有确定相对运动的实物的组合，它的功用主要是转换能量或传递运动形式。一般机器包含4个基本组成部分：动力部分、传动部分、控制部分、执行部分。

二、铰链四杆机构的基本形式和应用

构件间只能做平面运动或回转运动的平面机构，被称为平面连杆机构。平面连杆机构的类型很多，应用很广，按其构件的运动形式不同，可分为铰链四杆机构和滑块四杆机构两大类。最简单的是由4个构件组成的铰链四杆机构，滑块四杆机构是由其衍生而成。

铰链四杆机构是指连接构件间都是做回转运动的平面四杆机构，如图1-3所示。其中，固定不动的构件被称为机架，与机架相连的构件被称为连架杆，连接两连架杆的构件被称为连杆。当连架杆能绕与机架相连的固定铰链整周回转时，则该连架杆为曲柄；不能整周回转的连架杆称为摇杆。

1. 曲柄摇杆机构

若组成铰链四杆机构的连架杆中有一个是曲柄，另一个是摇杆，则所组成的铰链四杆机构被称为曲柄摇杆机构。曲柄摇杆机构通常在应用中是将曲柄的旋转运动转变为摇杆的往复摆动，或者将摇杆的往复摆动转换为曲柄的整周运动，如图1-4所示。

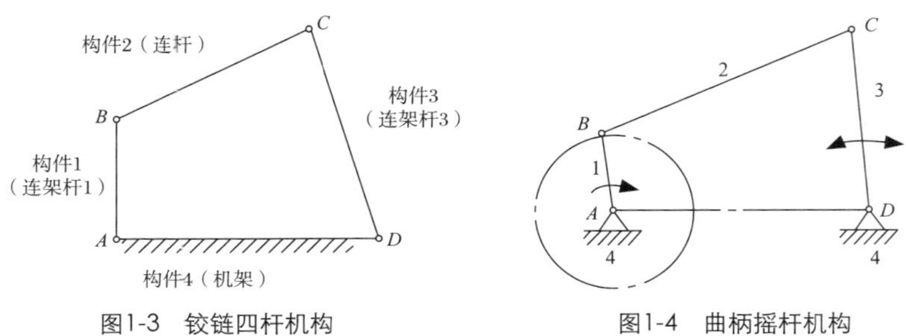

图1-3 铰链四杆机构　　图1-4 曲柄摇杆机构

视频雨刮器工作原理

图1–5是汽车电动雨刮器传动机构，它是由曲柄摇杆机构组成的。当雨水落在挡风玻璃上时，驾驶员看不清行驶路面，为了行车安全，就使用雨刮器来扫除雨水。其工作时雨刮电机带动曲柄旋转，从而带动连杆、摇杆、刮水片摆动。

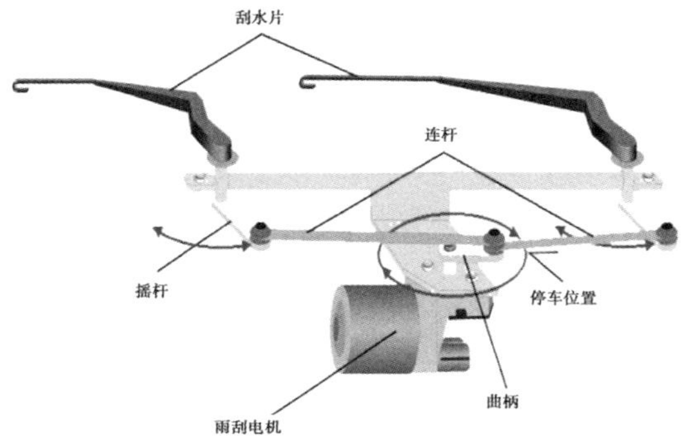

图1-5 汽车电动雨刮器传动机构

2. 双曲柄机构

若铰链四杆机构的两个连架杆均为曲柄，则所组成的铰链四杆机构被称为双曲柄机构。在双曲柄机构中，若两曲柄的长度相同，连杆与机架的长度也相同，则该机构称为平行双曲柄机构。它有正平行双曲柄机构（图1–6）和反向双曲柄机构（图1–7）两种形式。前者的运动特点为两曲柄的转向相同且角速度相同，连杆作平动；后者两曲柄的回转方向相反且角速度不同。

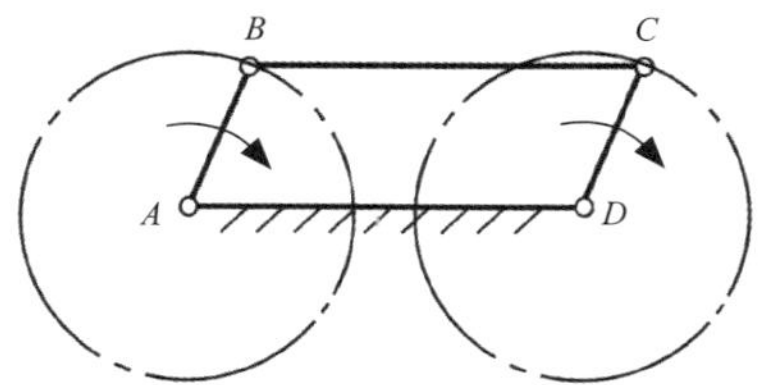

图1-6 正平行双曲柄机构

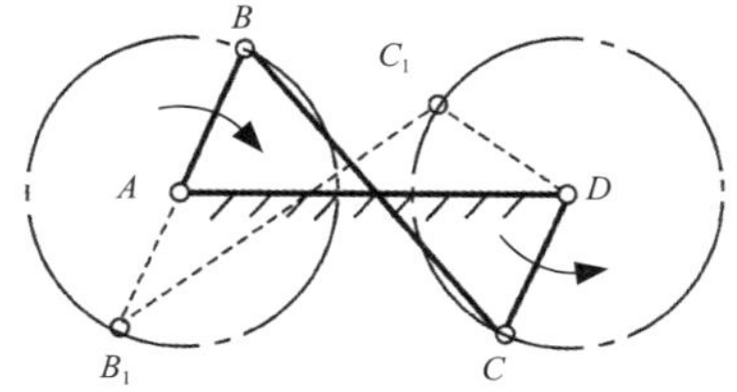

图1-7 反向双曲柄机构

平行双曲柄机构的应用较多，如图1–8所示的机车驱动轮机构是正平行双曲柄机构的应用实例。该机构为防止转化为反向双曲柄机构，采用机构联动方法，利用辅助曲柄消除平行双曲柄机构的运动不确定状态。反向双曲柄机构应用较少，如图1–9所示的汽车车门启闭机构为反向双曲柄机构的应用实例。当主动曲柄*AB*转动时，通过连杆*BC*使从动曲柄*CD*反方向转动，保证两车门能同时开启或关闭。

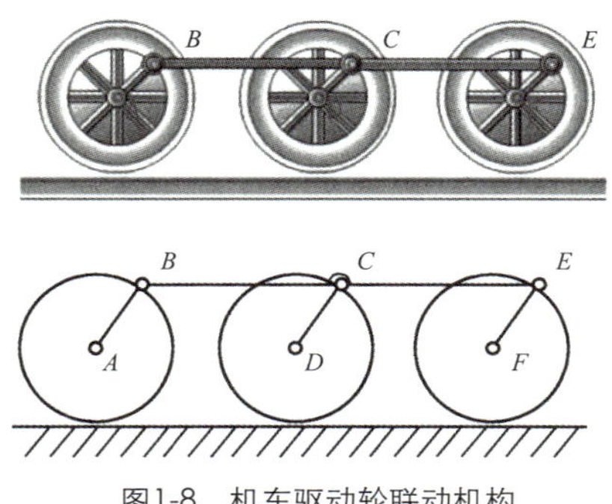

图1-8　机车驱动轮联动机构

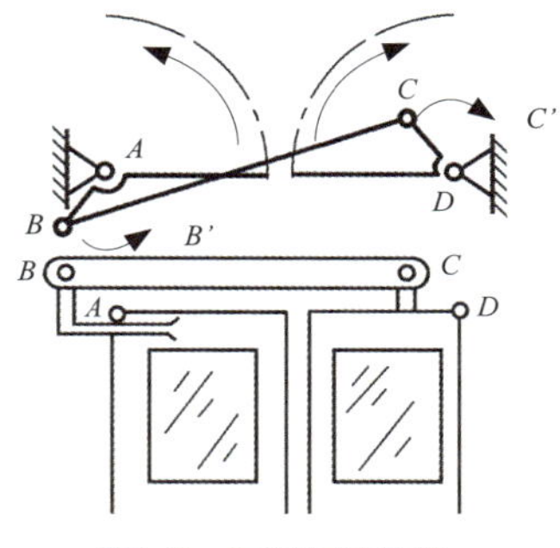

图1-9　车门启闭机构

视频汽车车门启闭系统

3. 双摇杆机构

若铰链四杆机构的两连架杆都是摇杆，则被称为双摇杆机构（图1–10）。如图1–11所示是利用双摇杆的自卸翻斗货车。*AD*杆为机架，当油缸活塞向右伸长时，带动双摇杆*AB*、*CD*向右摆动，使翻斗中的货物自动卸下；当油缸活塞向左缩回时，则带动双摇杆*AB*与*CD*向左摆动，使翻斗回到原来的位置。

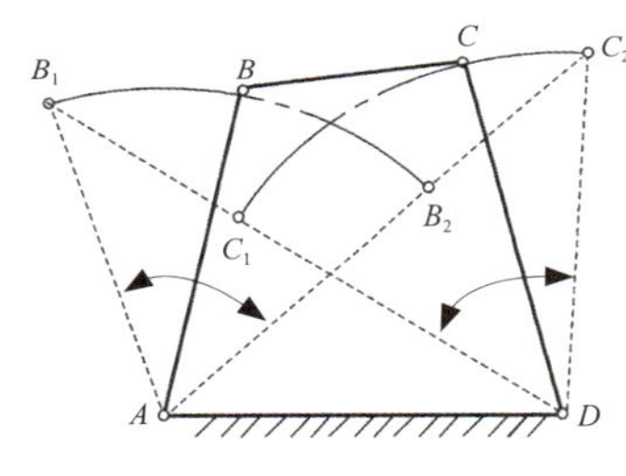

图1-10　双摇杆机构

图1-11　自卸翻斗货车

图1–12所示为汽车前轮转向机构，应用了两个摇杆长度相等的双摇杆机构——等腰梯形机构。当汽车转弯时，通过转向器带动梯形机构，实现车轮的转向。

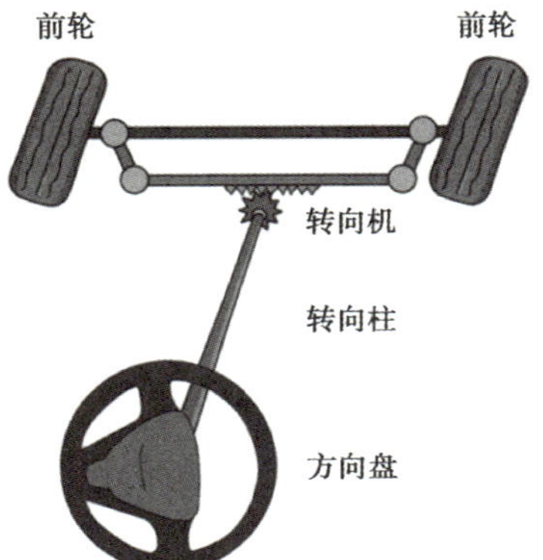

图1-12　汽车前轮转向机构

友情提示

运动副：运动副是两构件直接接触并能产生相对运动的活动联接。

三、铰链四杆机构的演化及应用

将曲柄摇杆机构的摇杆长度取无穷大时，曲柄摇杆机构中的摇杆将转化为沿直线运动的滑块，成为曲柄滑块机构。通过改变铰链四杆机构杆件的相对长度、作为机架的构件等可以获得其他

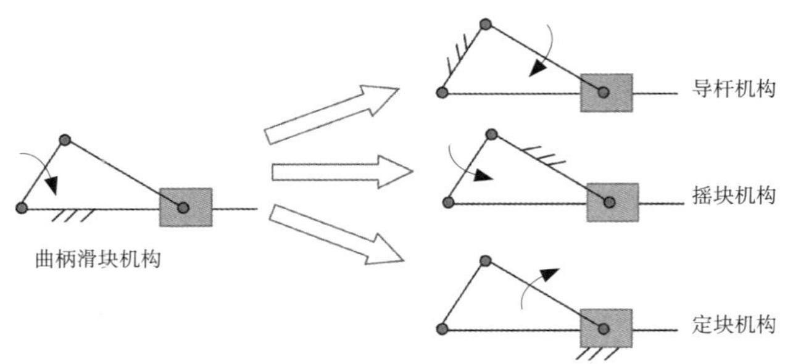

图1-13　铰链四杆机构的演化

形式的四杆机构，如曲柄滑块机构、导杆机构、摇块机构和定块机构等，如图1–13所示。

1. 曲柄滑块机构

将曲柄摇杆机构的摇杆长度取无穷大时，曲柄摇杆机构中的摇杆将转化为沿直线运动的滑块，成为曲柄滑块机构。曲柄滑块机构常用于回转运动与往复移动之间的转换。如图1–14所示，在汽车发动机活塞—连杆机构中，曲柄滑块机构将曲轴的回转运动转化为活塞的往复运动，或是将活塞的往复运动转化为曲轴的回转运动。

2. 导杆机构

若将曲柄滑块机构的曲柄作为机架，则曲柄滑块机构就演化为导杆机构，连架杆对滑块的运动起导向作用，称为导杆，它包括转动导杆和摆动导杆两种形式，如图1–15所示。导杆能绕机架做整周转动，称为转动导杆机构；若导杆只能在某一角度内摆动，则称为摆动导杆机构。导杆机构具有很好的传力性能，常用于插床、牛头刨床和送料装置等机器中。

3. 摇块机构

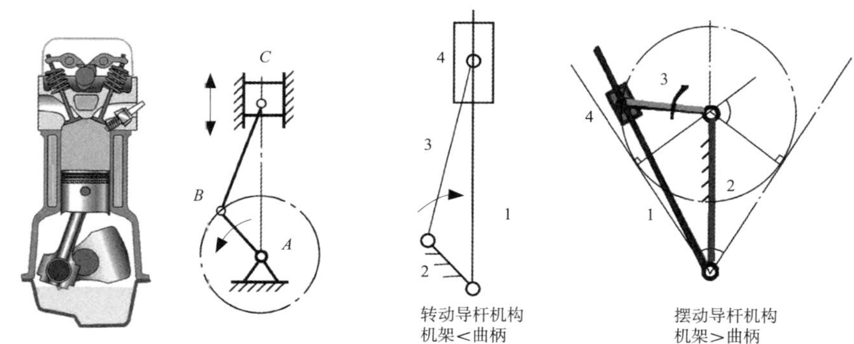

图1-14　汽车发动机活塞-连杆机构　　　　图1-15　导杆机构

若将曲柄滑块机构的连杆作为机架，则曲柄滑块机构就演化为摇块机构。摇块机构常用于气压、液压驱动装置中，如自卸卡车翻斗机构（图1–16）。其原理是：用压力油推动活塞使车厢翻转，完成自卸工作。自卸卡车是工程机械中最为常见的运输工具，它为人类节省了巨大的劳动力。

4. 定块机构

若将曲柄滑块机构的滑块作为机架，则曲柄滑块机构演化为定块机构，这种机构常用于抽油泵和手摇抽水机筒（图1–17）。

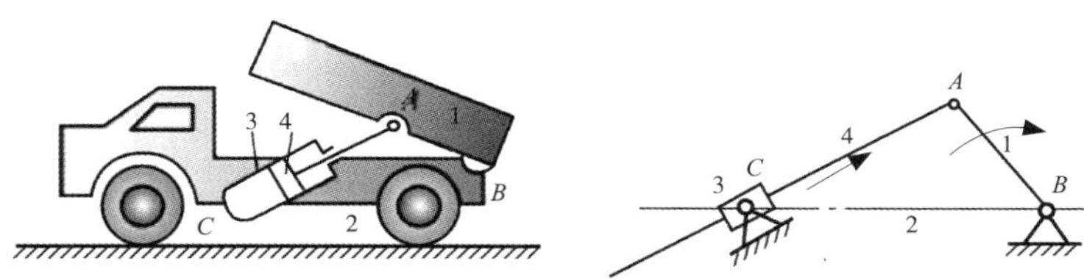

图1-16 自动卡车翻斗机构及运动简图

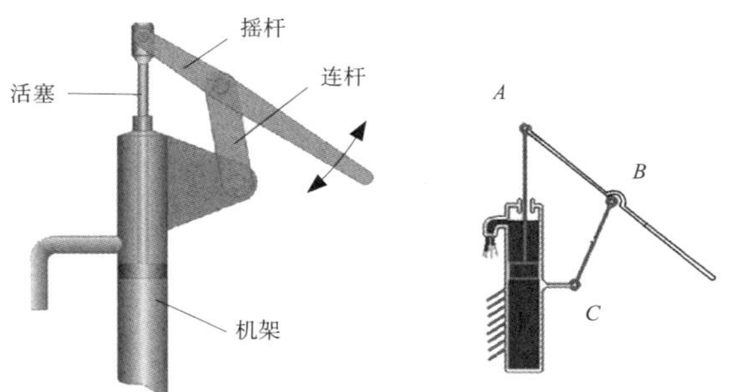

图1-17 手摇抽水机筒

四、平面四杆机构的判别

机构中有无曲柄、有几个曲柄是铰链四杆机构的重要特征。曲柄的存在必须满足以下两个条件：最短杆与最长杆之和小于或等于其余两杆之和；最短杆为机架或连架杆。根据以上条件，可以进行铰链四杆机构基本类型的判别，方法如下：

（1）当最短杆与最长杆之和小于或等于其余两杆之和。

① 若最短杆为机架，则机构为双曲柄机构（图1–18）。

② 若最短杆为连杆，则机构为双摇杆机构（图1–19）。

③ 若最短杆为连架杆，则机构为曲柄摇杆机构（图1–20）。

（2）当最短杆与最长杆长度之和大于其余两杆长度之和时，则不论取何杆为机架，机构均为双摇杆机构。

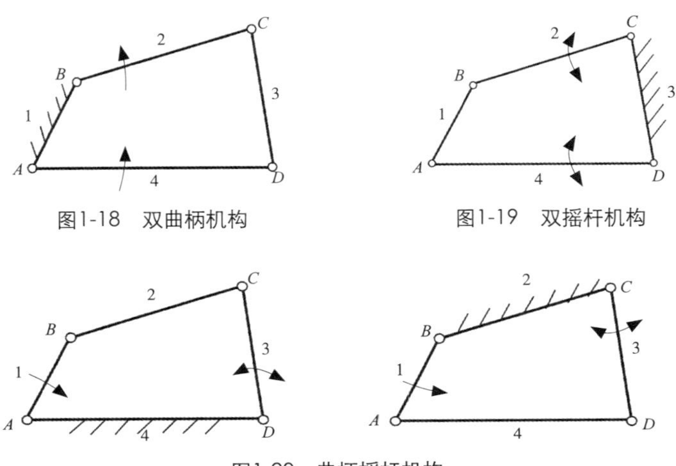

图1-18 双曲柄机构

图1-19 双摇杆机构

图1-20 曲柄摇杆机构

任务检测

1. 认识平面连杆机构。

铰链四杆机构的3种基本类型为________、________和________。

其基本类型是按照连架杆的不同来确定的，其中绕固定铰链能作整周旋转运动的连架杆称为________，绕固定铰链只能来回摇摆一个角度的连架杆称为________。

请在图1-21中标出铰链四杆机构的类型。

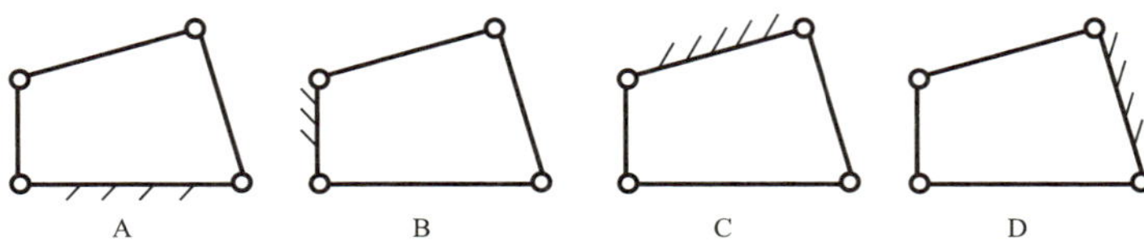

图1-21 铰链四杆机构类型

2. 3种铰链四杆机构在汽车上的应用。

汽车雨刮器应用了________机构；公交汽车车门启闭机构的类型是________；汽车前轮转向机构的类型是________。

3. 3种滑块四杆机构在汽车上的应用。

将铰链四杆机构通过改变运动副的形状、改变机架等方式可以得到不同形式的四杆机构，如曲柄滑块机构、________、________和定块机构。

汽车发动机中活塞连杆机构属于________机构；自动货车翻斗机构属于________机构。

任务拓展

1. 曲柄摇杆机构的特性

在如图1-22所示的曲柄摇杆机构中，当主动件曲柄AB做等速转动时，从动摇杆CD做往复摆动。曲柄AB在转动一周的过程中，有两次与连杆BC共线，曲柄连杆两次共线时摇杆的所在两个位置称为极位。在极位时曲柄两位置之间的夹角称为极位夹角，当机构存在极位夹角θ时，机构便具有急回运动特性，即摆回时的平均速度比摆去时的平均速度要大，这种特性被称为铰链四杆机构的急回特性。且θ角越大，机构的急回特性也越显著。

以摇杆 CD为主动件，则当连杆与从动件曲柄共线时，这时主动件CD通过连杆作用于从动件 AB上的力恰好通过其回转中心，不能使从动曲柄转动，机构处于“卡死”或运动不确定状态，机构的这种位置称为“死点”。汽车发动机中也会出现这样的“死点”位置，即活塞上止点和下止点时发生这样的机械现象。为了克服死点的不确定性，在发动机曲轴上设计了飞轮来储存能量，利用飞轮的惯性越过死点位置，使曲轴连续地转动。另外把两组机构“错列”是更有效的办法，当一组位于“死点”位置，另一组处于正常的转动位置，可有效地克服“死点”。多缸内燃发动机就是几组曲柄摇杆机构的错列排列。

2. 叉臂式玻璃升降器

汽车车门上使用的叉臂式玻璃升降器是根据曲柄滑块机构的原理设计的。如图1-23所示，车门玻璃安装在玻璃安装板上，当电动机旋转时，带动齿轮臂、从动臂、玻璃安装

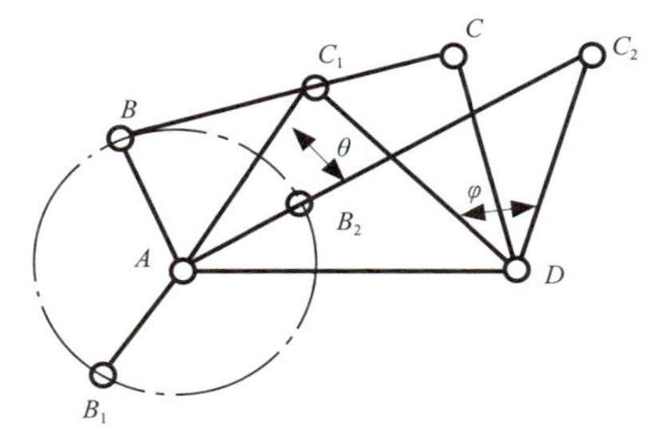

图1-22 曲柄摇杆机构的特性

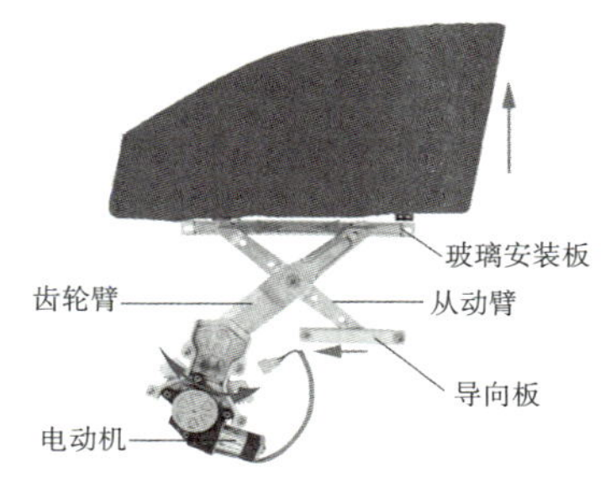

图1-23 叉臂式玻璃升降器

视频机构的特点

板、车门玻璃上升或下降。

3. 汽车电动刮水器传动机构

汽车电动刮水器传动机构（图1–24）是由两个四杆机构组成，一个是曲柄摇杆机构，另一个是双摇杆机构。曲柄、连杆和摆杆等杆件可以把蜗轮的旋转运动转变为摆臂的往复摆动，使摆臂上的刮水片实现刮水动作。当风窗刮水器电机转动时，蜗轮上的曲臂旋转，经连杆使短臂以电枢中心做扇形运动，此短臂上安装右侧的风窗刮水器臂，另一连杆与左侧的短臂连接，左右两侧的风窗刮水器臂以电枢为中心做同方向左右平行的运动。

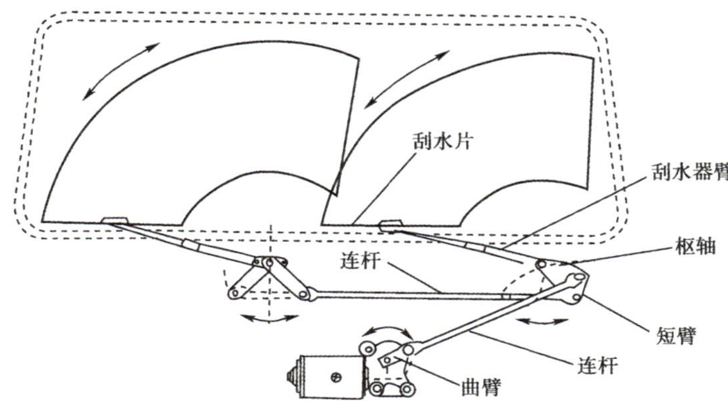

图1-24 汽车电动刮水器传动机构

试 一 试

大家在图中找到各零件的所在、功用、结构原理及相互关联作用，理解后才能运用到实际工作中去。

评价与反思

评价表

序号	考核项目	考核内容	配分/分	评分标准	得分
1	认识平面连杆机构	①机器和机构的组成 ②铰链四杆机构的组成及特性 ③铰链四杆机构的判别	40	①能区分零件、构件、机构和机器得10分 ②能描述铰链四杆机构的组成及特性得10分 ③能判别铰链四杆机构的基本类型得20分	

续表

序号	考核项目	考核内容	配分/分	评分标准	得分
2	铰链四杆机构的应用	①曲柄摇杆机构在汽车上的应用 ②双曲柄机构在汽车上的应用 ③双摇杆机构在汽车上的应用	30	①能描述曲柄摇杆机构在汽车上的应用得10分 ②能描述双曲柄机构在汽车上的应用得10分 ③能描述双摇杆机构在汽车上的应用得10分	
3	其他形式的四杆机构及应用	①滑块四杆机构的类型 ②曲柄滑块机构和摇块机构在汽车上的应用	30	①能认识滑块四杆机构得10分 ②能描述曲柄滑块机构和摇块机构在汽车上的应用得20分	
总　分			100	合　计	

反思

1. 根据所学知识判断，发动机、汽车是机器吗？如何理解二者之间的关系？

2.零件按照使用性能不同，可以分为通用零件和专用零件两大类。请列举相应的通用零件，并根据所学知识列举汽车上的专用零件。

任务二　认识凸轮机构

任务描述

本任务主要讲述凸轮机构的组成、分类以及凸轮机构在汽车上的应用。通过对凸轮机构的分析，掌握汽车发动机配气机构的工作原理，理解凸轮对于汽车制动系统的作用。

关键点：凸轮机构的组成和分类，凸轮机构在汽车上的应用。

任务目标

完成本任务的学习后，你应：

★ 能描述凸轮机构的组成和特点；

★ 能区分不同的凸轮机构类型；

★ 能说出配气机构的工作原理；

★ 能说出制动系统中凸轮的作用。

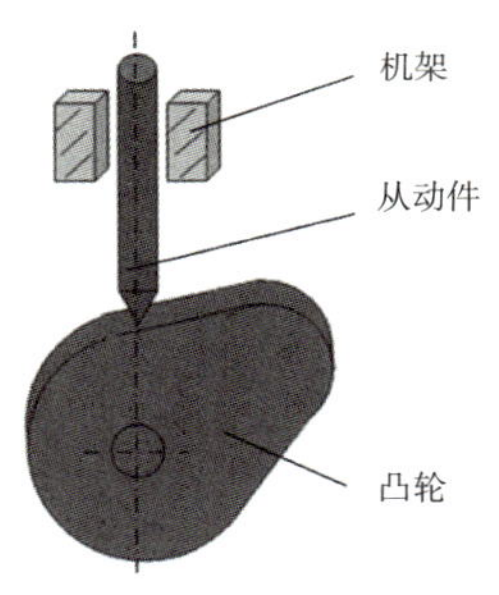

图1-25 凸轮机构的组成

友情提示

高副：点或线接触的运动副在接触部分的压强较高，被称为高副。

任务实施

一、凸轮机构的组成和特点

1. 凸轮机构的组成

凸轮机构是由凸轮、从动件和机架3个主要构件所组成的高副机构。在凸轮机构中，一般凸轮为主动件，凸轮的轮廓与从动件始终直接接触，推动从动件做来回的移动或往复的摆动，如图1–25所示。

2. 凸轮机构的特点

凸轮机构几乎可以实现从动件的无限多种运动规律，只要正确地设计和制造出凸轮的轮廓曲线，就能把凸轮的回转运动准确可靠地转变为从动件的规律性运动。凸轮机构结构的优点是简单、紧凑、运动可靠。它的缺点是凸轮与从动件之间为点或线接触，难以保持良好的润滑，容易磨损。凸轮机构适用于传力不大的机械中，尤其广泛应用于自动机械、仪表和自动控制系统中。

二、凸轮机构的分类

1. 按凸轮的形状分类

• 盘形凸轮：盘形凸轮（图1–26）是绕固定轴转动并且具有变化向径的盘形零件。当其绕固定轴转动时，可推动从动件在垂直于凸轮轴的平面内运动。它是凸轮的最基本形式，结构简单，加工便利，维修方便，应用广泛。这种结构在汽车上运用较多，如气门凸轮轴、柴油机输油泵等，都有凸轮的应用。

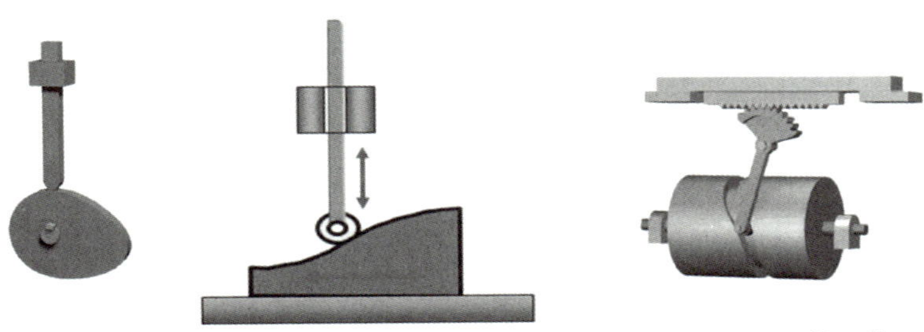
图1-26 盘形凸轮　图1-27 移动凸轮　图1-28 圆柱凸轮

• 移动凸轮：当盘形凸轮的转轴线位于无穷远处时，就演化成了移动凸轮（图1–27），凸轮呈板状，相对机架作往复直线移动。在盘形凸轮机构和移动凸轮机构中，凸

图1-29 移动从动件凸轮机构

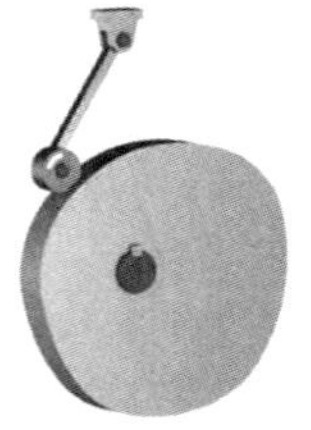
图1-30 摆动从动件凸轮机构

轮与从动件之间的相对运动均为平面运动，故又称为平面凸轮机构。

• 圆柱凸轮：圆柱凸轮（图1–28）是一个在圆柱面上开有曲线凹槽的构件。圆柱凸轮与从动件之间的相对运动不在平面内，属于空间凸轮机构。圆柱凸轮机构在汽车上运用得不多，主要适用于做平面往复运动的工作场合和两边点击的机械设备上，如自动机床的进刀机构。

2. 按从动件运动分类

• 移动从动件凸轮机构：这种从动件只能随凸轮的转动做往复移动，如图1–29所示。

• 摆动从动件凸轮机构：这种从动件只能随凸轮的转动做来回摆动，如图1–30所示。

3. 按从动件工作端的结构不同分类

• 滚子从动件：由于滚子与凸轮轮廓之间为滚动摩擦，磨损较小，故可用来传递较大的动力，因而应用较广，如图1–31所示。

• 尖顶从动件：这种从动件的构造简单，但易磨损，只适用于作用力不大和速度较低的场合（如仪表等机构中），如图1–32所示。

• 平底从动件：优点是凸轮与平底的接触面间易形成油膜，润滑较好，所以常用于高速传动中，如图1–33所示。

图1-31 滚子从动件

图1-32 尖顶从动件

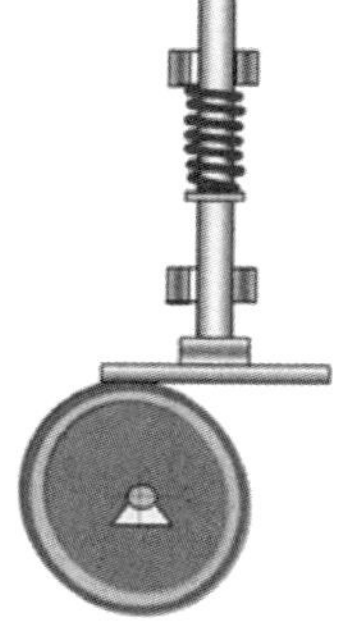
图1-33 平底从动件

三、凸轮机构在汽车上的应用

1. 配气机构

汽车上最常见的凸轮形式是配气机构上使用的凸轮轴，如图1–34所示。汽车发动机，要实现正常工作，汽车发动机的进排气门必须按规定的运动规律按时打开或关闭，气门杆的运动规律根据发动机性能等方面的特征选择，最终是由发动机凸轮轴上的凸轮运动实现的。

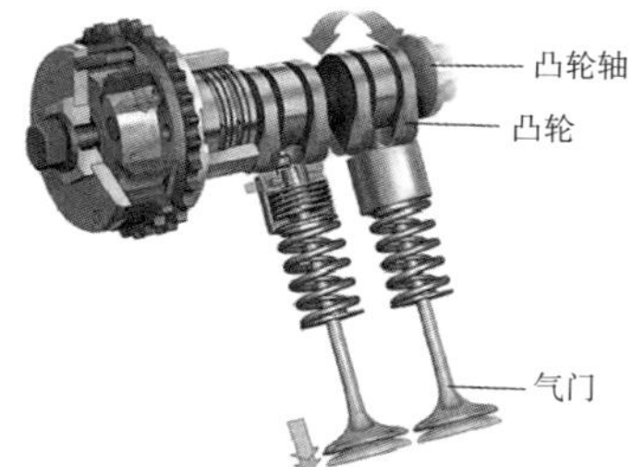

图1-34 配气机构凸轮轴的应用

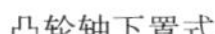
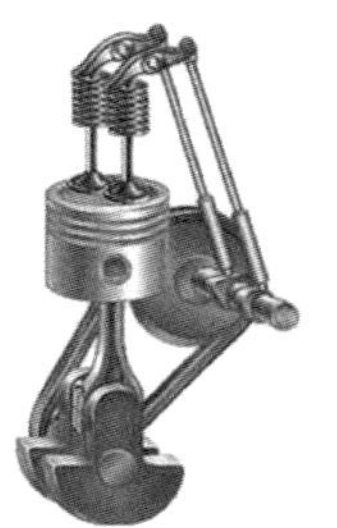
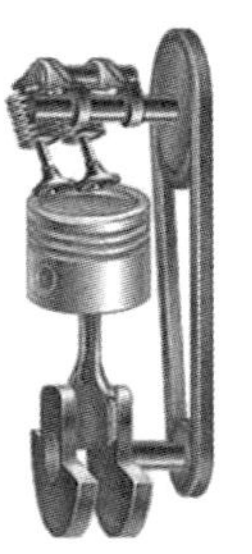

图1-35　配气机构凸轮轴的不同位置

当凸轮轴匀速转动时，由于凸轮轮廓径向尺寸的变化，迫使气门上、下往复移动，从而实现气门开启或闭合的控制。按工作过程的需要，适时开启、关闭进排气门，使新鲜气体充分进入，废气排出。充气量越大，发动机可能发出的功率越大。如图1–35所示，根据凸轮轴的不同位置，配气机构分为凸轮轴上置式、中置式和下置式3种形式。不管是哪一种，都是通过杆高点和低点往复做功，气门杆在高点时气门关闭（压缩），气门杆在低点时气门（打开）排气或进气。其中凸轮轴上置式是目前应用较多的形式，此种形式凸轮轴与气门距离近，不需要推杆、挺柱，使往复运动的惯量减少，有利于降低振动和噪声。常用于高速汽车发动机，配合多气门的使用（如四气门、五气门），增加进气通道面积，使进气更充分，排气更彻底，燃烧更完全。

2. 制动系统

汽车制动系统一般至少有2套独立的制动装置，一是行车制动装置（脚制动装置），在行车中使用；二是驻车制动装置（手制动装置），主要用于停车后防止汽车滑溜。

凸轮机构应用在气压刹车制动器中，称为刹车凸轮，如图1–36所示为凸轮式制动器。其工作原理为：用压缩空气将刹车分泵膜片顶开，推杆使凸轮轴旋转一定角度顶开刹车蹄片与制动鼓工作面产生摩擦，从而达到制动的目的。

该凸轮机构还应用在大货车、大客车的手制动（驻车制动）上。如图1–37所示为机械式驻车制动器，当停车后，驾驶员用手向后拉动驻车手柄（凸轮旋转摩擦片张开），在手柄下方的棘轮自锁作用下，拉紧时（会发出哒、哒数响声）两制动蹄片及摩擦片与制动鼓工作面紧贴后产生摩擦，使车轮不能转动而驻车；当手柄放开后，驻车蹄片在回位弹簧的作用下，蹄片与制动鼓工作面分离而没有产生摩擦，故而汽车可正常行驶。

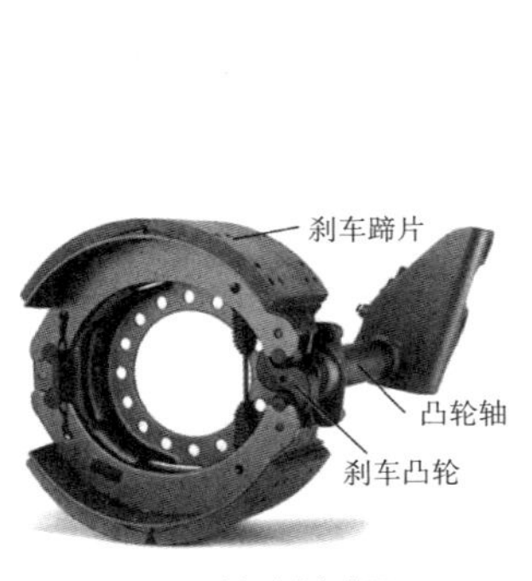

图1-36　凸轮式制动器

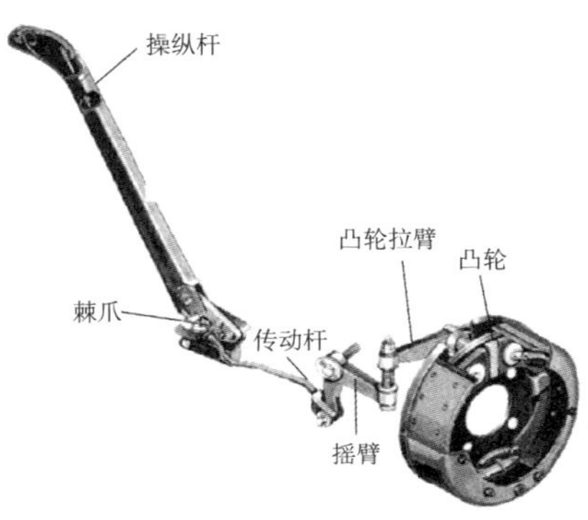

图1-37　机械式驻车制动器

任务检测

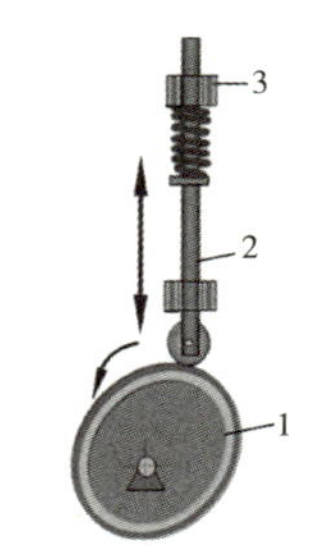

图1-38 凸轮机构组成

1. 认识凸轮机构。

请在图1-38中标出凸轮机构中1、2、3所表示的构件名称。

2. 识别凸轮机构的类型。

请在图1-39中标出凸轮机构的类型。

3. 认识配气机构。

（1）在配气机构里，凸轮的形式为________。使用凸轮机构控制进排气门的启闭，能使配气机构具有进气______，排气______，燃烧______的特点。

（2）根据凸轮轴的位置不同，配气机构可分为________、________和________3种形式。

4. 3种制动系统中凸轮的应用。

（1）汽车制动系一般至少有2套独立的制动装置，分别是：__________，在行车中使用；__________，主要用于停车后防止汽车滑溜。

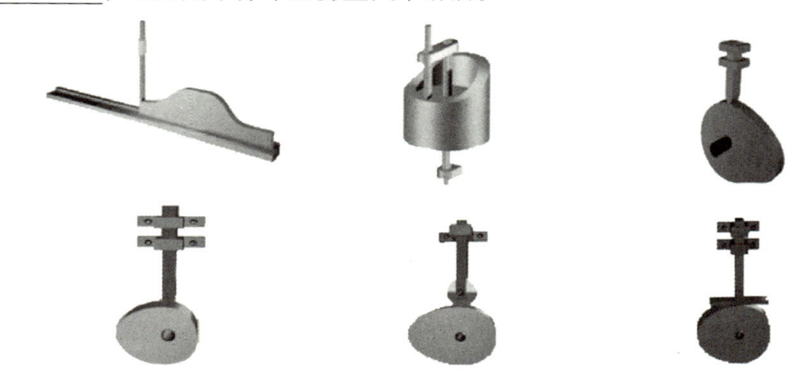
图1-39 凸轮机构的类型

（2）凸轮机构在汽车制动系统的应用主要是货车、大巴车的______式制动器，凸轮的主要作用是_______与_______工作面紧贴后产生摩擦，使车轮不能转动而驻车。w

任务拓展

1. 凸轮机构基本术语

- 基圆：以凸轮轮廓的最小向径r为半径所绘制的圆。
- 推程：从动件由最低处上升到最高处的过程。
- 行程（升程）：推程中，从动件所走过的距离，用h表示。
- 回程：从动件由最高处下降到最低处的过程。

2. 凸轮轴下置式配气、上置式配气的工作原理

凸轮轴下置式配气机构的工作原理：凸轮轴推动挺柱，挺柱推动推杆，推杆推动摇臂，摇臂推动气门，如图1-40所示。

凸轮轴上置式配气机构的工作原理：凸轮轴

试一试

大家在图中找到各零件的所在、功用、结构原理及相互关联作用，理解后可运用到实际工作中去。

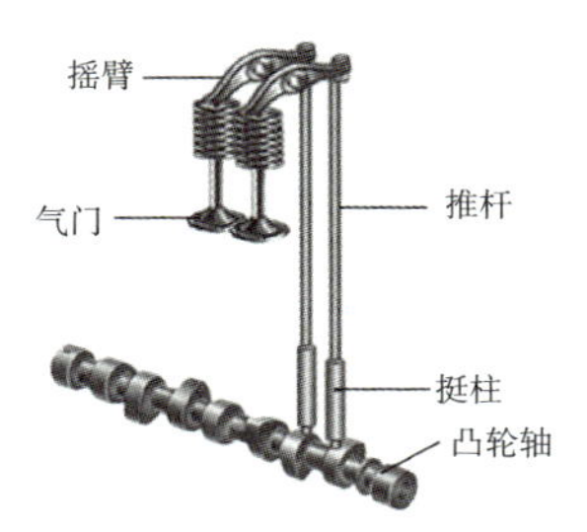

图1-40　凸轮轴下置式配气机构

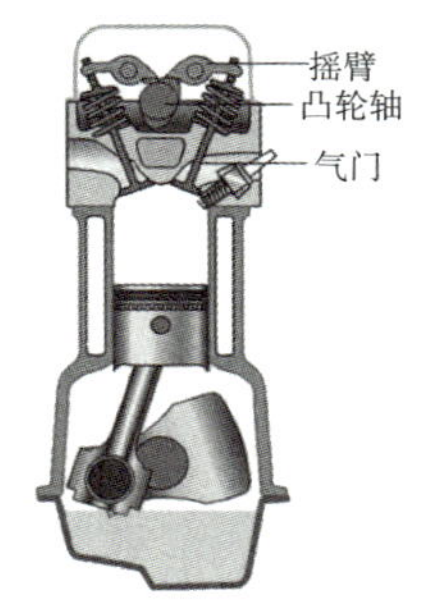

图1-41　凸轮轴上置式配气机构

匀速旋转，带动气门摇臂控制气门的启闭，如图1-41所示。

评价与反思

评价表

序号	考核项目	考核内容	配分/分	评分标准	得分
1	认识凸轮机构	①凸轮机构的组成 ②凸轮机构的特点	20	①能认识凸轮机构的组成得10分 ②能描述凸轮机构的特点得10分	
2	凸轮机构的类型	①按照凸轮的形状分类 ②按照从动件的运动形式分类 ③按照从动件的形状分类	30	①能区分凸轮的形状分类得10分 ②能区分从动件的运动形式分类得10分 ③能区分从动件的形状分类得10分	
3	配气机构	①配气机构的原理 ②配气机构的特点	25	①能描述配气机构的原理得15分 ②能描述配气机构的特点得10分	
4	制动系统中凸轮的应用	①制动的类型 ②凸轮制动的原理	25	①能描述制动的类型得10分 ②能说出凸轮制动的原理得15分	
总　分			100	合　计	

反思

1.复习凸轮机构的特点，指出它最大的优点和缺点，思考在生活中以及汽车上还有哪些凸轮机构的实例。

2.为了保证发动机正常工作，气门凸轮轴必须与曲轴之间有相应关系，即配气有正时。凸轮轴的不同位置决定了二者之间的连接是不同的，上置式、中置式、下置式凸轮轴和曲轴是如何连接的？

任务三　认识棘轮机构

任务描述

本任务主要讲述棘轮机构的组成、类型和工作原理。通过对棘轮机构的分析，理解汽车驻车制动器的工作原理以及棘轮机构在汽车起动机中的应用。

关键点：棘轮机构的组成和类型，棘轮机构在汽车上的应用。

任务目标

完成本任务的学习后，你应：

★ 能描述棘轮机构的组成；

★ 能识别棘轮机构的类型；

★ 能描述棘轮机构在汽车驻车制动装置的作用；

★ 能描述棘轮机构在汽车起动机的作用。

任务实施

一、棘轮机构的组成及工作原理

机器工作过程中，当主动件做连续运动时，常需要从动件产生周期性的运动和停歇，实现这种运动的机构，称为间歇运动机构。棘轮机构是一种常用的间歇运动机构，由棘轮、棘爪及机架等组成，其工作原理如图1-42所示。棘轮与轴用键连接，弹簧使止回棘爪和棘轮保持接触，主动棘爪与主动摆杆组成回转副。当主动摆杆逆时针摆动时，主动棘爪便插入棘轮的齿槽中，推动棘轮转过一定角度，而止回棘爪则在棘轮的齿上滑过；当主动摆杆顺时针摆动时，主动棘爪在棘轮的齿上滑过，而止回棘爪将阻止棘轮作顺时针转动，故棘轮静止不动。因此，主动摆杆做连续的往复摆动时，棘轮做单向间歇转动。

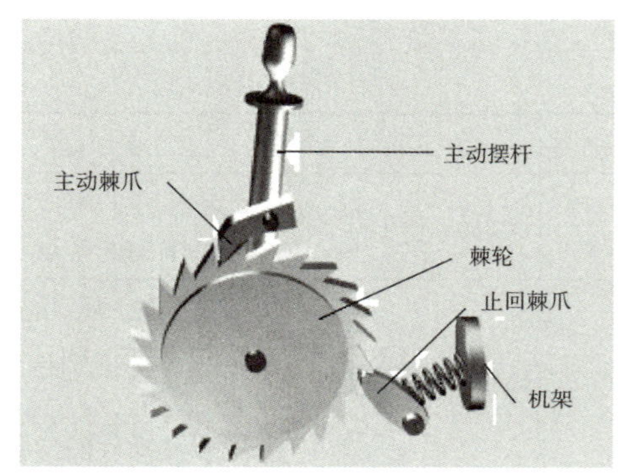

图1-42 棘轮机构的组成

二、棘轮机构的基本类型

1. 棘轮机构按工作原理分类

棘轮机构按工作原理分类可分为齿式棘轮机构和摩擦式棘轮机构。

• 齿式棘轮机构（图1-43）：运动可靠，从动棘轮容易实现有级调节，但是有噪声、冲击，轮齿易摩损，高速时尤其严重，常用于低速、轻载的间歇传动。

• 摩擦式棘轮机构（图1-44）：可实现无级调节，无噪声，有打滑。

图1-43 齿式棘轮机构

图1-44 摩擦式棘轮机构

2.棘轮机构按啮合部分分类

棘轮机构按啮合部分分类可分为外啮合（图1–45）和内啮合（图1–46）。

图1-45 外啮合棘轮机构

图1-46 内啮合棘轮机构

3. 棘轮机构按驱动方向分类

棘轮机构按驱动方向分类可分为单向驱动和双向驱动棘轮机构。单向驱动棘轮机构的棘轮多为锯齿形，双向驱动棘轮机构的棘轮多为矩形。图1–47是控制牛头刨床工作台进退的棘轮机构，属于双向棘轮机构。棘轮齿为矩形齿，棘轮可双向间歇转动，从而实现工作台的往复移动。需变向时，只要提起棘爪，并将棘爪转动180°后再放下就可以了。

图1-47 双向棘轮机构

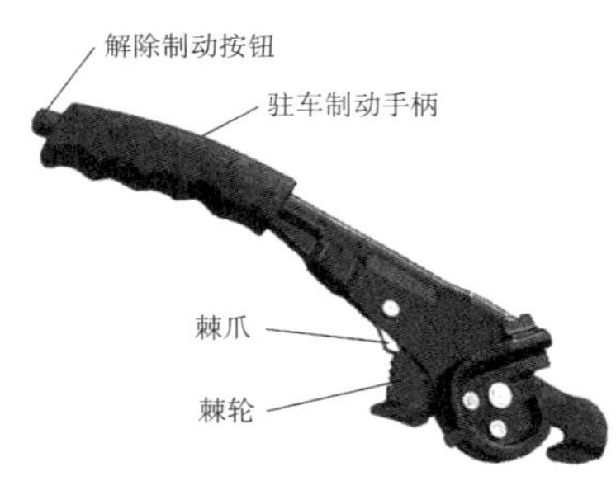

图1-48 棘轮机构在驻车装置上的应用

三、棘轮机构在汽车上的应用

1. 齿式棘轮机构在驻车装置上的应用

汽车驻车制动装置（手刹）的手柄，利用棘轮机构完成驻车制动自动锁止任务。如图1–48所示，该棘轮机构的棘轮固定不动，主要起锁止作用。当车停稳后，驾驶员将手刹（驻车制动）手柄向后拉紧，此时会发出“哒、哒、哒”的响声，这是棘爪发出的，告诉驾驶员驻车制动已经开始生效了，可以下车进行相应的工作了。如果没有发出响声，证明驻车制动没有生效，就要进行检修或调整了。

2. 单向离合器

单向离合器是一种摩擦式棘轮机构，应用在汽车发动机和自动变速器中。图1–49为汽车滚柱式单向离合器，在起动机工作过程中，接通开关电枢轴顺时针旋转，滚柱滚入窄端，驱动齿轮与飞轮啮合，起动机的动力通过飞轮传递给曲轴，从而带动发动机旋转达到发动机有效起动。起动完毕，发动机开始工作时，

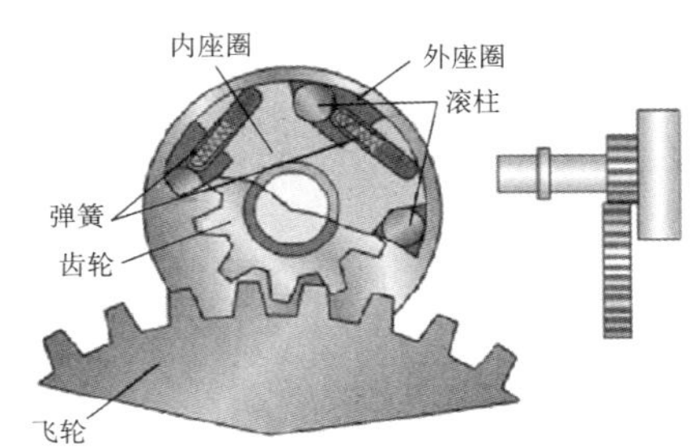

图1-49 汽车滚柱式单向离合器

当飞轮转动速度超越驱动小齿轮线速度时，飞轮便带动驱动小齿轮旋转，此时滚柱被推到契形槽宽端，齿轮与外齿圈打滑退出齿轮啮合状态，即电枢轴不会跟着飞轮高速旋转，从而起到了保护起动机（马达）的作用。

任务检测

图1-50 棘轮机构组成

1. 认识棘轮机构。

请在图1–50中标出棘轮、棘爪和止回棘爪。

2. 识别棘轮机构的类型。

请在图1–51中标出棘轮机构的类型。

3. 认识手刹。

手刹是一种驻车制动装置，是利用棘轮机构完成驻车制动自动锁止任务，该棘轮机构的棘轮______，主要起锁止作用。当手柄_______时，棘爪发出“哒、哒、哒”的响声，驻车制动开始生效；松开手刹汽车行驶，只需要按下______即可。

4. 认识单向离合器。

起动机的单向离合器只传递____到____的转矩，以免发动机起动后飞轮带动起动机电机超速旋转而损坏。

图1-51 棘轮机构的类型

任务拓展

1. 超越离合器

如图1–52所示为自行车后轮飞轮中的内啮合单向驱动齿轮机构。链轮与有内齿的棘轮为同一构件，逆时针蹬动脚踏，链条带动链轮转动时，通过棘爪带动与其固定的轮毂驱动后轮旋转。但当停止蹬踏时，链轮不转，轮毂由于惯性仍按原来的转向飞快地转动，此时棘爪便在棘背上滑动，轮毂与链轮脱开，各自以不同的速度运动。这种从动件超越主动件转动的特性称为超越。利用超越性设计的超越离合器已在汽车上得到广泛的应用，汽车起动机（马达）起动齿的单向离合器就是超越离合器。

2. 棘轮扳手

棘轮扳手（图1–53）是利用棘轮机构原理制造的快速扳手。当螺钉或螺母的尺寸较大或扳手的工作位置很狭窄时，就可使用棘轮扳手。这种扳手摆动的角度很小，能拧紧和松开螺钉或螺母。棘轮扳手具有操作简单、使用方便的优点。

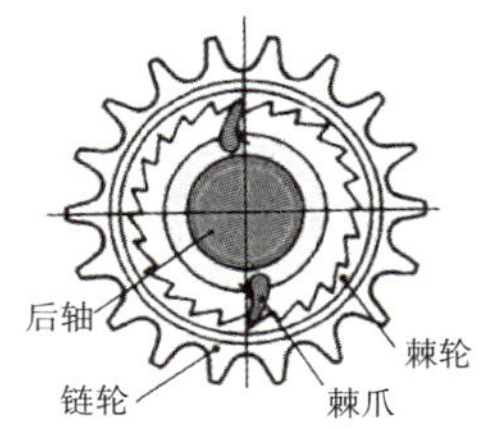

图1-52 自行车飞轮内的超越离合器

图1-53 棘轮扳手

评价与反思

评价表

序号	考核项目	考核内容	配分/分	评分标准	得分
1	认识棘轮机构	① 棘轮机构的组成 ② 棘轮机构的特点	20	① 能认识棘轮机构的组成得10分 ② 能描述棘轮机构的特点得10分	
2	棘轮机构的类型	① 按照工作原理分类 ② 按照啮合部分分类 ③ 按照驱动方式分类	30	① 能按照工作原理区分棘轮机构得10分 ② 能按照啮合部分区分棘轮机构得10分 ③ 能按照驱动方式区分棘轮机构得10分	
3	手刹	① 手刹的结构 ② 手刹的工作原理	25	① 能描述手刹的结构得10分 ② 能描述手刹的工作原理得15分	
4	单向离合器	① 单向离合器的应用 ② 单向离合器的工作原理	25	① 能描述单向离合器的应用得10分 ② 能描述单向离合器的工作原理得15分	
总 分			100	合 计	

反思

1. 在驻车制动装置里有棘轮机构、凸轮机构的具体应用，请结合任务一、任务二的相关内容，思考二者如何配合达到驻车目的？
2. 扳手是一种常见的维修工具，生活中你用过哪些扳手？ 对哪些扳手有所了解？

练习

一、填空题

1. 平面四杆机构是平面机构的基础，可分为________机构和________机构两大类。

2. 为了克服死点位置的________，在发动机曲轴上设计了________越过死点位置，使曲轴连续地转动。

3. 棘轮机构按其工作原理，可分为________机构和________机构两大类。

4. 铰链四杆机构的3种基本类型为________、________和________。其基本类型是按照连架杆的不同来确定的，其中绕固定铰链能作整周旋转运动的连架杆称为________，绕固定铰链只能来回摇摆一个角度的连架杆称为________。

5. 机器是人为的实物组合体，它的各部分之间具有________，并能做有效的________或________，________人类劳动。

6. 盘形凸轮是绕固定轴转动并且具有变化向径的盘形零件，这种凸轮运用很广，因为________较容易。

7. 棘轮机构主要由________、________、________、摆杆和机架组成。

8. 汽车制动系一般至少有两套独立的制动装置。它们是：________，在行车中使用；________主要用于停车后防止汽车滑溜。

9. 在配气机构里，凸轮的形式为________。使用凸轮机构控制进排气门的启闭，能使配气机构具有进气________，排气________，燃烧________的特点。

10. 根据凸轮轴的位置不同，配气机构可分为________、________和______3种形式。

二、选择题

1. 在四杆机构中，若最短杆与最长杆之和大于其余两杆长度之和，必将得到(　　)机构。

A. 曲柄摇杆机构　　B. 双曲柄机构

C. 双摇杆机构　　D. 曲柄滑块机构

2. 铰链四杆机构中，不与机架相连的构件称为(　　)。

A. 曲柄　　B. 连杆　　C. 连架杆　　D. 摇杆

3. 汽车前轮转向机构的类型是(　　)；汽车雨刮器应用了(　　)机构；汽车侧门玻璃升降器是(　　)机构；汽车发动机中活塞连杆机构属于(　　)机构。

A. 曲柄摇杆机构　B. 双曲柄机构　C. 双摇杆机构　D. 曲柄滑块机构

4. 要将连续的单向转动变化为具有间歇功能的单向转动，可采用的机构是(　　)。

A. 曲柄摇杆机构　　B. 摆动从动件盘形凸轮机构

C. 棘轮机构　　D. 双曲柄机构

5. 凸轮机构主要用于(　　)的转换。

A. 能量　　B. 运动形式　　C. 动力大小　　D. 运动方向

6. 下列装置属于汽车动力部分的是(　　)，传动部分的是(　　)，控制部分的是(　　)，执行部分的是(　　)。

A. 发动机　　B. 电器设备　　C. 车轮　　D. 转向器

三、分析题

根据尺寸和机架判断图1-54中铰链四杆机构的类型。

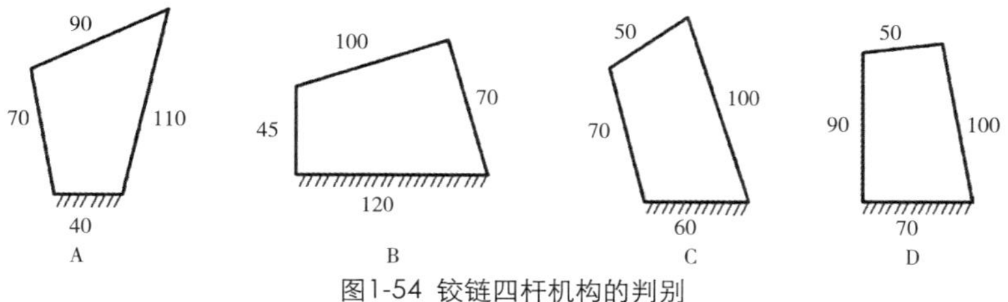

图1-54 铰链四杆机构的判别

四、简答题

1. 简述机构与机器的区别。
2. 拉驻车制动时没有发出“哒、哒、哒“的响声说明什么?
3. 自动货车翻斗机构属于什么机构?
4. 汽车起动机中单向离合器的作用是什么?
5. 汽车前挡风玻璃的电动刮水器传动机构是应用的哪种机构原理?
6. 棘轮机构按啮合部分、驱动方式进行分类，分别有哪些类型?
7. 凸轮机构按从动件形状不同可分为什么类型?
8. 简述棘轮机构的工作原理。

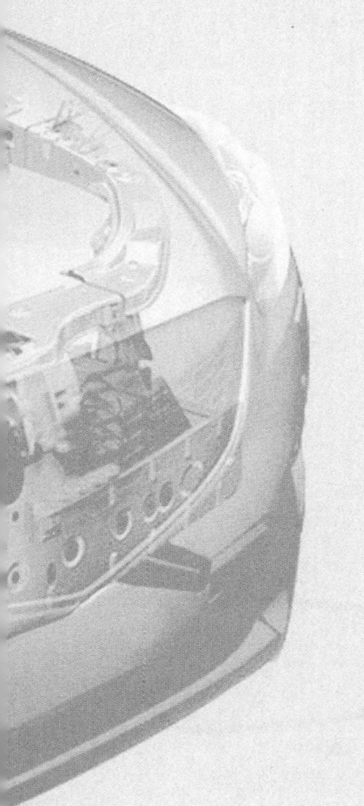

项目二 动力传动

汽车是一台复杂的机器，其中包含多种传动系统，承担着不同的任务。汽车的动力传动系统主要有带传动、链传动、齿轮传动、螺旋传动和蜗杆传动等机械传动方式以及液压和气压传动。各种传动相互配合共同完成汽车的准确运行。

任务一　认识带传动

任务描述

本任务主要讲述带传动的组成和类型、带的张紧方式以及带传动在汽车上的应用。通过对汽车常用带的学习，认识不同的传动带，学会选择汽车发动机的传动带；了解传动带的张紧和安装，学会调整带的张紧度。

关键点：带的类型及应用，带的张紧及应用。

任务目标

完成本任务的学习后，你应：

★ 能描述带传动的组成；

★ 能描述带的类型和应用；

★ 能描述不同的带在汽车上的作用；

★ 能识别带的类型；

★ 会选择汽车发动机的传动带；

★ 会调整带的张紧度。

任务实施

一、带传动的组成、分类

带传动是由主动带轮、从动带轮和传动带3部分组成，它工作时依靠带与带轮之间的摩擦或啮合来传递运动和动力，如图2-1所示。带传动是一种利用中间挠性件的传动，带传动具有传动平稳、结构简单、造价低廉、不需要润滑和能缓冲吸振等优点，是一种应用广泛的机械传动。但它也有传动装置外部尺寸大、传动比不准确、效率低、带的寿命较短等缺点。

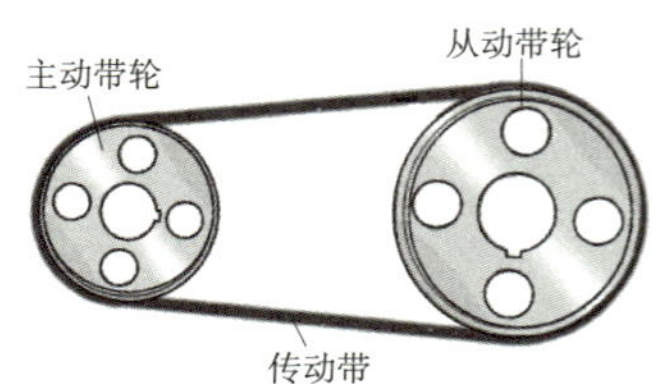

图2-1　带传动的组成

带传动分为摩擦型（图2-2）和啮合型（图2-3）两大类。摩擦传动型是靠带与带轮之间的摩擦力实现动力传动的，属于摩擦型带传动的有平带传动、V带传动（包括多楔带）和圆带传动等。啮合型带传动依靠带与带轮上的齿间啮合力来传递动力，属于啮合型带传动的有同步齿形带等。

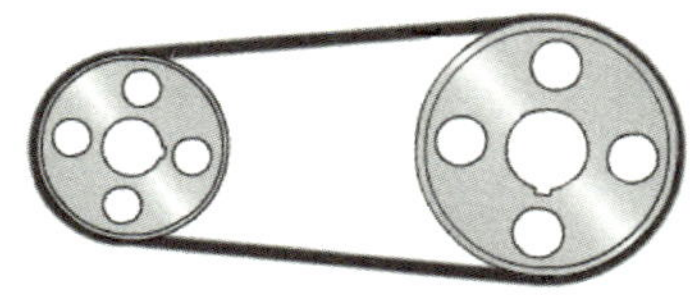
图2-2　摩擦型带传动

图2-3　啮合型带传动

汽车及维修设备上经常用的是平带、V带（多楔带）和同步齿形带。

•圆带：圆带（图2–4）的横截面呈圆形，主要用于小功率的传递，如仪器仪表和缝纫机等。

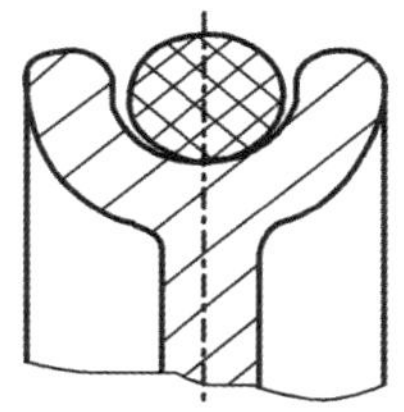

图2-4 圆带

•平带：平带（图2–5）的截面形状为矩形，其内表面是工作面。

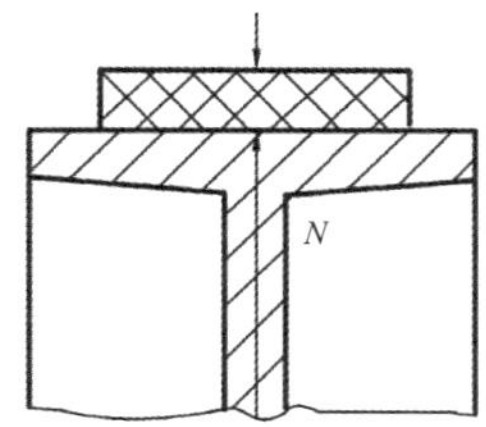

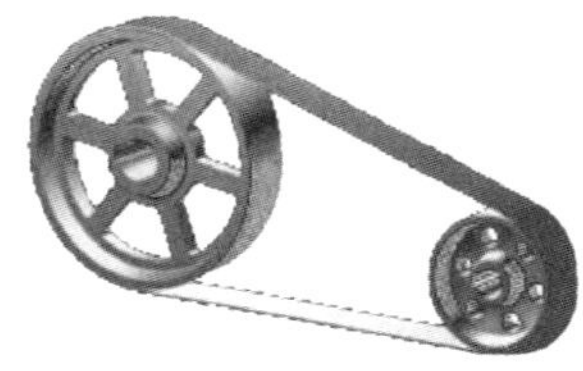

图2-5 平带

•V带：V带（图2–6）也称为三角带，是断面为梯形的环形传动带，其工作面为两侧面。与平型传动带相比，具有安装容易、占地面积小、传动效率高和噪声小等优点。V带适用于转速高，力矩较大的工作场合。

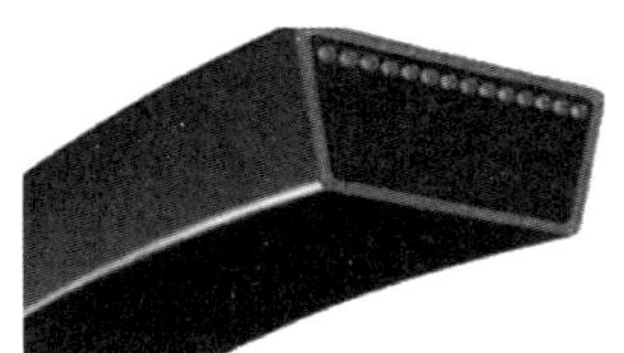

图2-6 V带

•多楔带：多楔带（图2–7）是指以平带为基体，内表面排布有等间距纵向40°梯形楔的环形橡胶传动带，其工作面为楔的侧面。多楔带与带轮的接触面积和摩擦力较大，载荷沿带宽的分布较均匀，因而传动能力更大。由于带体薄而轻、柔性好、结构合理，故工作应力小，可在较小的带轮上工作。多楔带还具有传动振动小、散热快、运转平稳、使用伸长小、传动比大和极限线速度高等特点，因而寿命更长；其节能效果明显，传动效率高；传动紧凑，占据空间小。此外，多楔带的背面也能传动，而且可使用自动张力调整器，使传动更加安全、可靠。多楔带特别适用于结构要求紧凑、传动功率大的高速传动。

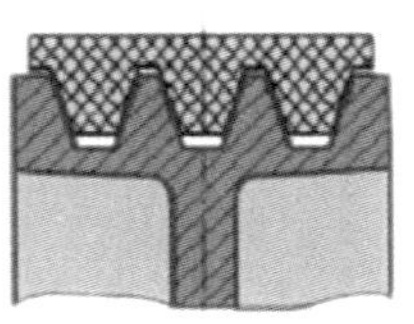

图2-7 多楔带

•同步齿形带：同步齿形带（图2-8）内表面做成齿形，带轮的表面也做成齿形，依靠带与带轮的啮合来传递运动和动力。同步齿形带除具有多楔带和V带的优点外，还具有工作时无滑动、有准确的传动比、传动效率高、节能效果好、传动比范围大、结构紧凑等优点。同步齿形带特别适合于对传动比具有严格要求、转速高、力矩大的场合，如发动机配气机构等。

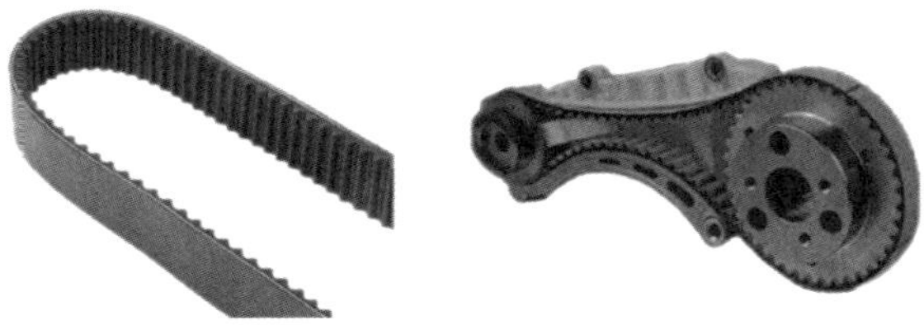

图2-8 同步齿形带

二、带传动在汽车上的应用

带传动在汽车上的应用主要是在汽车发动机和汽车无级变速自动变速器上，汽车的发电机、冷却水泵、转向助力泵和空调压缩机主要由V带和多楔带传递动力，其中V带主要用于小型发动机的发电机、冷却水泵、空调压缩机与曲轴之间的动力传递；多楔带主要用于高转速、大功率发动机的发电机、冷却水泵、空调压缩机与曲轴之间的动力传递，如图2-9所示。部分凸轮轴上置式发动机的凸轮轴由同步齿形带驱动，以保证发动机曲轴与凸轮轴工作的同步，从而保证发动机的配气机构能正常工作，如图2-10所示。

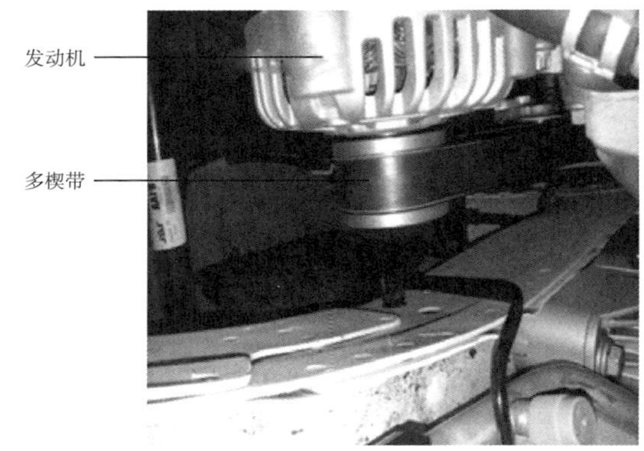

图2-9 多楔带在发动机上的应用

三、V带传动的张紧、安装

1. 带传动的张紧

由于带传动工作一段时间后，会产生永久变形使带松弛，使初拉力减少而降低带传动的工作能力，因此，需要重新张紧传动带，提高初拉力。常用的张紧方法有以下两种。

（1）调整中心距

当两带轮的中心距能够调整时可采用此种方式。滑道式张紧装置（图2-11）适应于两轴线水平

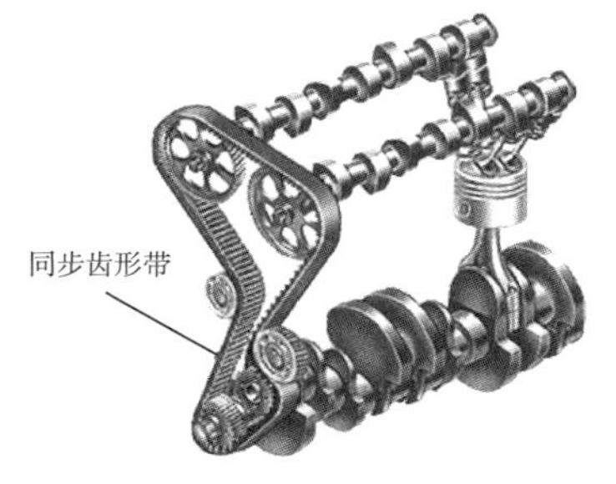

图2-10 同步齿形带在配气机构的应用

或接近水平的传动；摆架式张紧装置（图2–12）适应于两轴线相对安装支架垂直或接近垂直的传动；自动张紧装置（图2–13）是将装有带轮的电动机安装在浮动的摆架上，利用电动机的自重，使带轮绕固定轴摆动，以自动保持张紧力。汽车发动机的发电机、水泵、空调和曲轴之间的V带传动常用调整中心距来张紧V带。

（2）张紧轮张紧

当中心距不能调节时，可采用张紧轮将带张紧，如图2–14所示。对于大功率发动机的多楔带和配气机构的同步齿形带常采用张紧轮进行张紧，如图2–15所示。

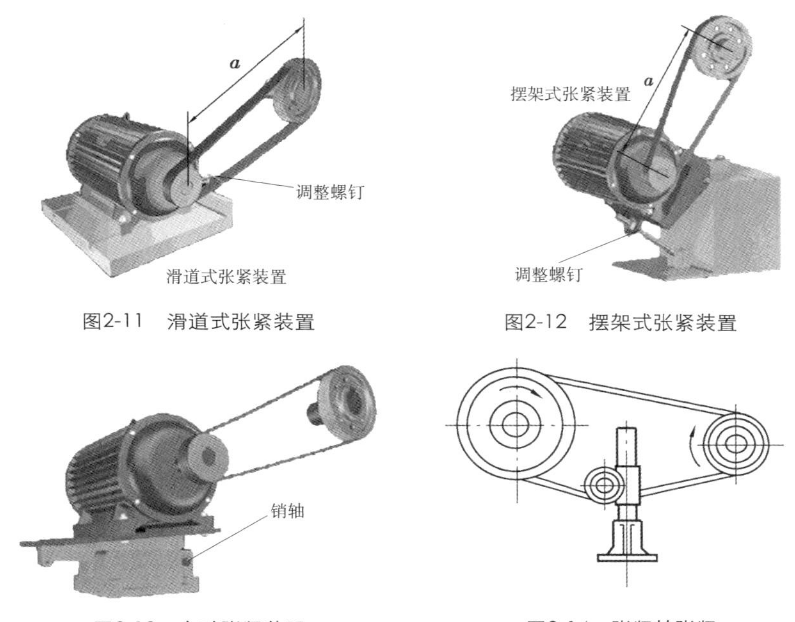

图2-11　滑道式张紧装置

图2-12　摆架式张紧装置

图2-13　自动张紧装置

图2-14　张紧轮张紧

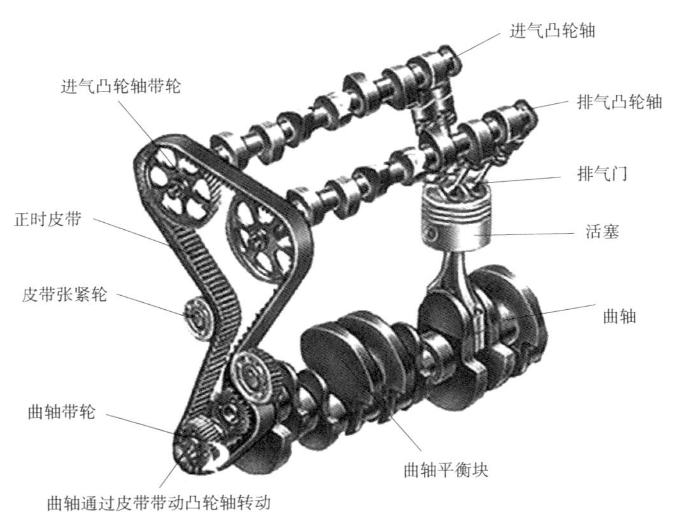

图2-15　发动机带传动的张紧

2. 带传动的安装

① 两轮轴线应平行，轮槽应对正，如图2–16所示。

② 安装V带时，按规定的初拉力张紧。对于中等中心距的带传动，带的张紧程度以大拇指能将带按下15 mm为宜，如图2–17所示。

③ 带在轮槽中位置正确，如图2–18所示。

④ 安装时，带不能硬撬。

⑤ 新旧带不得混用。新带使用前，应预先拉紧一段时间后再使用。

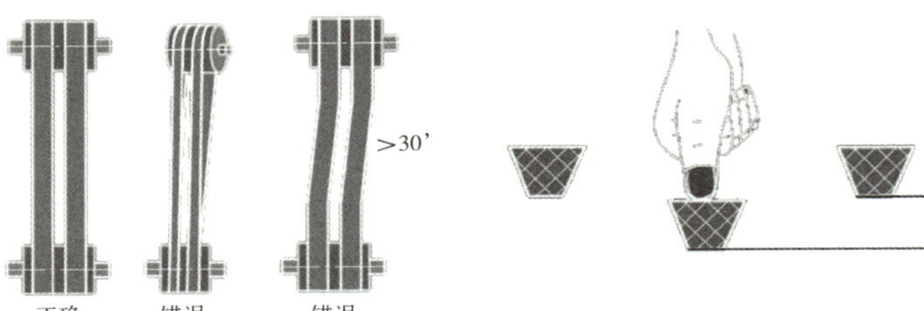

图2-16 两带轮的相对位置

图2-17 带的张紧测定

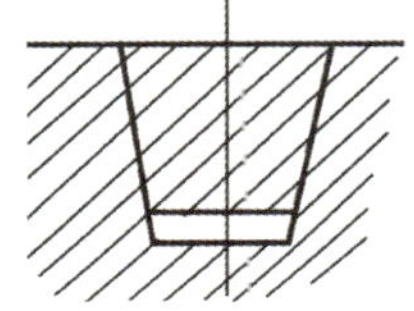
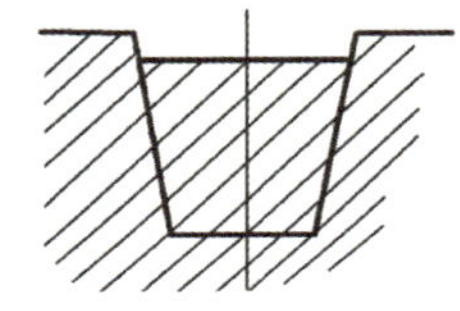
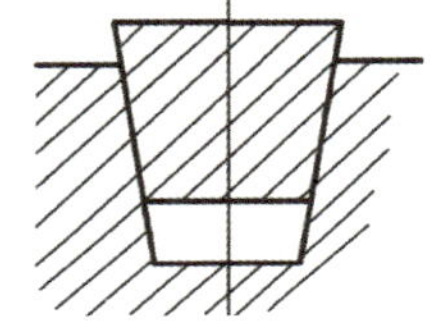

图2-18 带在轮槽的位置

任务检测

1. 认识带传动的组成。

请在图2–19中标出主动轮、从动轮和带。

图2-19 带传动的组成

2. 认识带的类型。

请在图2–20中标出3种带的类型。

3. 选择带的应用。

配气机构一般用________带，大功率发动机的空调用________带驱动。

4. 调整汽车发电机皮带的松紧度。

标出图2–21中的张紧方式，并写出张紧装置名称。

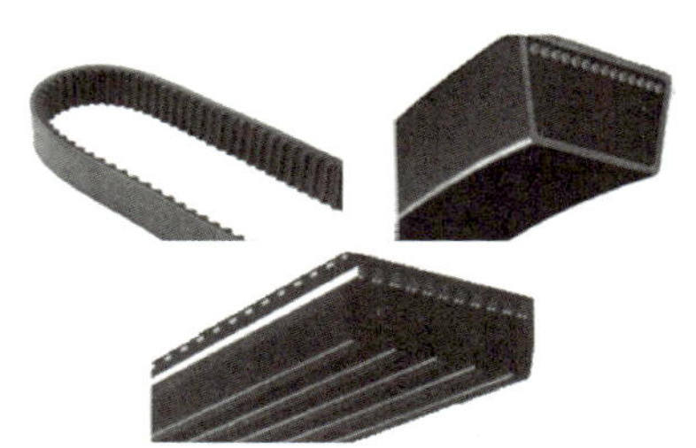

图2-20 带传动的类型

图2-21 发电机皮带张紧

任务拓展

1. 无级变速自动变速器

无级变速自动变速器（图2–22）的主变速装置是由带轮和带组成。但是无级变速自动变速器中所用的带是由钢片和钢带组成，而不是一般带传动中所用的橡胶带。

2. 观看发动机正时皮带的拆装视频。

视频发动机正时皮带的拆装

3. 带传动的维护

① 要采用安全防护罩，以保障操作人员的安全，同时防止油、酸、碱对带的腐蚀。

② 定期对带进行检查有无松驰和断裂现象，如有一根松弛和断裂则应全部更换。

③ 禁止给带轮上加润滑剂，应及时清除带轮槽及带上的油污。

④ 带传动工作温度不应过高，一般不超过60 ℃。

⑤ 若带传动久置后再用，应将传动带放松。

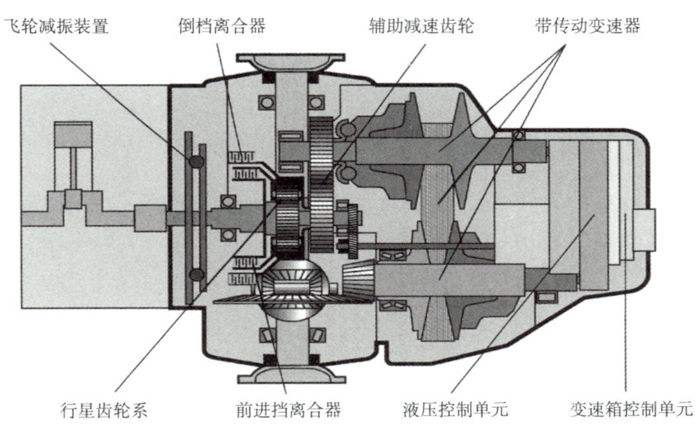

图2-22　无级变速自动变速器

评价与反思

评价表

序号	考核项目	考核内容	配分/分	评分标准	得分
1	认识带传动	①带传动的组成 ②带的类型 ③各种带的特点	20	① 能认识带传动的组成得5分 ② 能区分带的类型得5分 ③ 能描述各种传动带的特点得10分	
2	带传动的应用	①V带在汽车上的应用 ②多楔带在汽车上的应用 ③同步齿形带在汽车上的应用	40	① 能描述V带在汽车上的应用得10分 ② 能描述多楔带在汽车上的应用得15分 ③ 能描述同步齿形带在汽车上的应用得15分	
3	带传动的调整	① 认识带的张紧类型 ② 调整带的张紧度	40	① 能认识带的张紧类型得20分 ② 能正确调整带的张紧度得20分	
总　分			100	合　计	

视频带传动打滑

视频带传动弹性滑动

反思

1.带传动的特点是什么？为什么一般都是小带轮为主动轮？

2.带传动在工作时会有打滑现象，思考：什么情况下会出现打滑？打滑和带的弹性滑动有何区别？

3.带传动有松边和紧边，安装带的时候先装松边还是紧边？带传动的张紧轮安装在松边还是紧边？

4.请同学们搜寻中国古代手摇纺车的相关内容，说说其中蕴含的带传动知识。

任务二　认识链传动

任务描述

本任务主要讲述链传动的组成、特点和类型，通过对链传动结构的分析，掌握链传动在汽车配气机构的应用，了解链传动的维护。

关键点：链传动的组成、特点及类型，链传动的应用。

任务目标

完成本任务的学习后，你应：

★ 能描述链传动的组成和特点；

★ 能说出链条的类型；

★ 能说出链传动在汽车上的应用。

任务实施

一、链传动的组成、特点

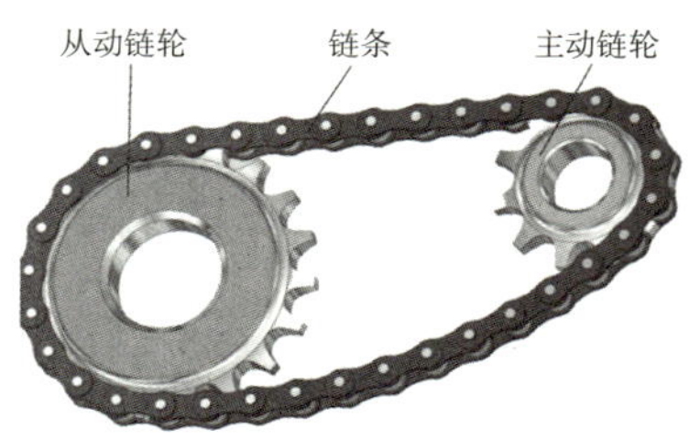

图2-23　链传动的组成

链传动是由主动链轮、从动链轮和绕在链轮上的链条所组成，工作时，靠链与链轮轮齿的啮合传递动力，如图2-23所示。链传动是以链条为中间挠性件的啮合传动，它兼有带传动和齿轮传动的一些特点：链传动靠啮合工作，无弹性滑动和打滑现象，可获得准确的平均传动比；与带传动相比，链传动张紧力小，传递功率较大，效率也较高（可达0.98），可以在恶劣条件（灰尘、油污、高温、潮湿）下工作；与齿轮传动相比，它可在两轴中心距离较大的场合下工作。链传动的缺点是：工作时有噪声（齿形链除外）；磨损后链条容易脱落；无过载保护作用等。链传动主要用于工作可靠、两轴相距较远、工作条件恶劣的场合，如化工机械、矿山机械、农业机械、机床及摩托车、自行车、叉车的升降链、小轿车正时等。

二、链条的类型

链条的类型很多，按不同用途可以分为传动链、起重链和输送链3种。

• 传动链：用于一般机械中传递动力和运动，最常用的是滚子链和齿形链，如图2-24所示；

图2-24　传动链

图2-25　起重链

图2-26　输送链

• 起重链：用于起重机械中提升重物，如图2-25所示；

• 输送链：用于输送工件、物品和材料，如图2-26所示。

常用的传动链根据其结构的不同，可分为短节距精密滚子链（简称滚子链）和齿形链（又称无声链）两种。

• 齿形链：是一组链齿板铰接而成，它是利用特定齿形的链片和链轮啮合来实现传动的，如图2-27所示。齿形链传动平稳，噪声很小，又称无声链传动。齿形链允许的工作速度可达40 m/s，结构复杂，拆装困难，易磨损，成本较高，多用于高速或运动精度要求较高的场合。

• 套筒滚子链：由内链板、外链板、套筒、销轴、滚子组成，如图2-28所示。外链板固定在销轴上，内链板固定在套筒上，滚子与套筒间和套筒与销轴间均可相对转动。可单列或多列并用，多列并用可传递较大功率。套筒滚子链比齿形链重量轻、寿命长、成本低，在动力传动中应用较广。

图2-27　齿形链

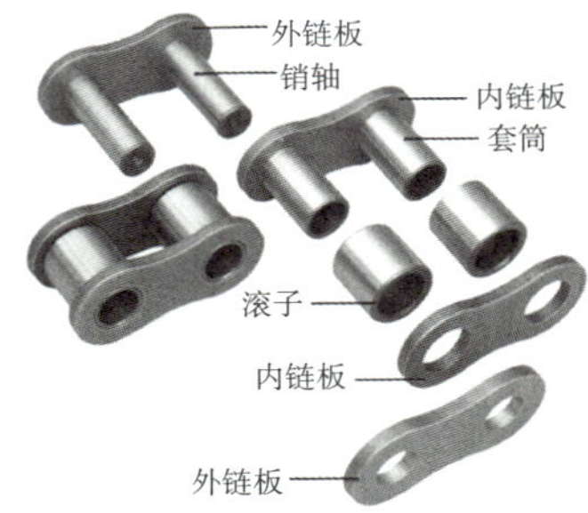

图2-28　滚子链的结构

知识窗

在滚子链的结构中有以下几点需要注意：

①滚子链的接头：滚子链的接头处用钢丝锁销或弹簧卡片等止锁件将销轴与连接链板固定。链条长度以链节数表示，若链节数为奇数时，则采用过渡链节，在链条受拉时，过度链

节还要承受附加的弯曲载荷，通常应避免采用。所以链节数最好取偶数，以便链条连成环形时正好是外链板与内链板相接。

②滚子链的节距：链条的相邻两销轴中心线之间的距离称为节距，用符号p表示。节距是链的主要参数，链的节距越大，承载能力越强，但链传动的结构尺寸也会越大，传动时振动冲击和噪声也越严重。

③滚子链的排数：把一根以上的单列链并列用长销轴连接起来的链称为多排链，链的排数越多，承载能力越高，链的制造与安装精度要求也越高。且越难使各排链受力均匀，从而大大降低多排链的使用寿命。故排数不宜超过4排，传动功率较大时，可采用两根或两根以上的双排链或三排链。

在实际的应用过程中，滚子链的已经标准化，分A、B两个系列。A级链用于重载、高速和重要场合，B级链用于一般传动。其标记为“链号—排数—链节数　标准编号”，比如A系列、节距15.875mm、单排、86节的滚子链的标记为08A—1—86 GB/T1243—1997（图2-29）。

链号 — 排数 — 整链链节数　标准编号

例：08A—1—86 GB1234—1997

图2-29　滚子链的标记

三、链轮的结构和材料

链轮的结构主要有4种：组合式、实心式、孔板式、焊接式，如图2-30所示。

图2-30　链轮结构

链轮材料的选择原则就是满足轮齿强度和耐磨性耐冲击要求，应使小链轮的材料优于链轮材料。

在低速、轻载及平稳传动中，常用中碳钢；中速、中载时，常采用中碳钢淬火处理，其硬度为40—45HRC；高速、重载及连续传动时，宜用合金钢。

四、链传动的实效形式

•疲劳：链在松边拉力和紧边拉力的反复作用下，经过一定的循环次数，链板会发生疲劳破坏。正常润滑条下，疲劳强度是限定链传动承载能力的主要因素。

•磨损：铰链磨损后链节变长，容易引起跳齿或脱链。开式传动、环境条件恶劣或润滑密封不良时，极易引起铰链磨损，从而急剧降低链条的使用寿命。

•冲击疲劳：链传动的啮入冲击首先由滚子和套筒承受。在反复多次的冲击下，经过一定的循环次数，滚子、套筒会发生冲击疲劳破坏。这种失效形式多发生于中、高速闭式链传动中。

•胶合：润滑不当或速度过高时，链节啮入时受到的冲击能量增大，工作表面的温度过高，销轴和套筒的工作表面会发生胶合。胶合限定了链传动的极限转速。

•静力拉断：在低速$v<0.6$ m/s，重载或严重过载的传动中，当载荷超过链条的静力强度时导致链条被拉断。

五、链传动在汽车上的应用

因为链传动具有外廓尺寸小、结构简单、成本低和适应于大中心距场合等特点，所以在汽车中得到了广泛的应用。在汽车中，链传动主要用于发动机的配气机构，如图2–31所示。对于凸轮轴上置式的发动机，一般曲轴与凸轮轴的间距较大，为缩小发动机的外廓尺寸，通常不采用齿轮作为正时机构，而是采用同步带或链条传动作为正时机构。与同步带传动相比，链传动的寿命长，但噪声较大，为减小噪声，通常选用小链节的链条。

图2-31 配气机构中的链传动

任务检测

1. 认识链传动的组成。

请在图2–32中标出链传动的组成。

2. 识别链条的类型。

请在图2–33中标出3种链条的类型。

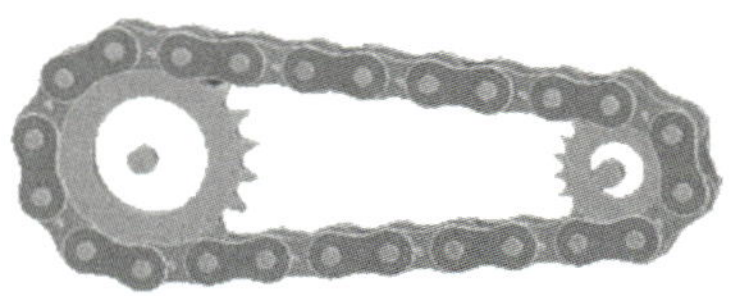

图2-32 链传动的组成

图2-33 链条的类型

图2-34 滚子链的结构

3. 认识链条的结构。

请在图2-34中标出滚子链的结构。

4. 认识汽车正时链条。

在汽车中，链传动主要用于发动机的_____机构。对于凸轮轴_____的发动机，一般曲轴与凸轮轴的间距较大，为缩小发动机的外廓尺寸，通常采用链条连接曲轴和凸轮轴。

5.说出链传动的优点和缺点。

任务拓展

链条传动的安装与维护

①安装链传动时，两链轮轴线必须平行，并且两链轮旋转平面应位于同一平面内，否则会引起脱链和不正常的磨损。

②为了防止链传动松边垂度过大，引起啮合不良和抖动现象，应采取张紧措施。张紧方法有：当中心距可调时，可增大中心距；当中心距不可调时，可去掉1~2个链节，或采用张紧轮张紧，张紧轮应放在松边外侧靠近小轮的位置上。目前汽车上常用链条自动张紧器，如图2-35所示。

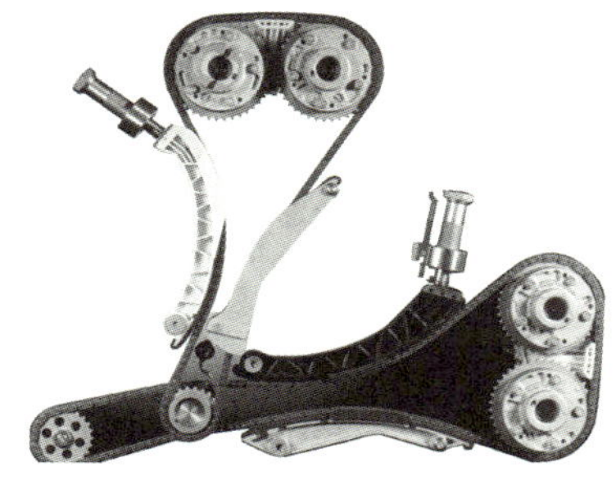

图2-35 链条自动张紧器

③良好的润滑可减轻磨损、缓和冲击和振动，延长链传动的使用寿命。对于不便使用润滑油的场合，应定期清洗链轮和链条，定期用润滑脂涂抹。

④在链传动的使用过程中，应定期检查润滑情况及链条的磨损情况。

视频齿轮传动简介

知识窗

链传动的润滑方式有4种：

①人工定期用油壶或油刷给油。

②用油杯通过油管向松边内外链板间隙处滴油。

③油浴润滑或用甩油盘将油甩起，以进行飞溅润滑。

④用油泵经油管向链条连续供油，循环油可起润滑和冷却的作用。

评价与反思

评价表

序号	考核项目	考核内容	配分/分	评分标准	得分
1	认识链传动	① 链传动的组成 ② 链传动的特点	30	① 能认识链传动的组成得10分 ② 能描述链传动的特点得20分	
2	链传动的类型	① 链传动按用途分类 ② 链传动按形状分类 ③ 滚子链的结构	40	① 能识别不同的链条得20分 ② 能识别滚子链的结构得20分	
3	汽车正时链条	正时链条的应用	30	能描述汽车正时链条的特点得30分	
总　分			100	合　计	

反思

1.与带传动相比，链传动有哪些特点？为什么自行车不用带传动而用链传动？

2.中心距一定的链传动，链轮的齿数越少，传动是否越平稳？

3.在网上搜寻一些我国古代贤人在传动机构上做出的创造。学习后，同学们能不能也做出一些有关链传动的小发明呢？

任务三　认识齿轮传动

任务描述

本任务主要讲述齿轮传动的特点和类型以及齿轮的结构和失效方式。通过齿轮系的学习，认识定轴轮系、行星轮系，了解齿轮传动在汽车转向器、正时系统、变速器、主减速器和差速器上的应用。

关键点：齿轮的类型、特点及参数，齿轮传动的分类及应用。

任务目标

完成本任务的学习后，你应：

★ 能描述齿轮传动的特点；

★ 能识别齿轮传动的类型；

★ 能描述齿轮的结构和失效形式；

★ 能识别不同的轮系；

★ 能识别汽车转向器、正时系统、变速器上的齿轮传动；

★ 能识别汽车主减速器、差速器上的齿轮传动。

任务实施

一、齿轮传动的特点与分类

1. 齿轮传动的特点

齿轮传动依靠主动齿轮与从动齿轮的啮合传递运动和力。它是目前应用最广泛的一种机械传动，与其他传动相比，具有以下特点：

① 瞬时传动比恒定，传动比范围大，可用于减速或增速。

② 速度和传递功率的范围大，可用于高速、中速和低速的传动，功率从0.1 W到 10^5 kW。

③ 传动效率高，使用寿命长。一对高精度的渐开线圆柱齿轮，效率可达99%以上。

④ 结构紧凑，工作可靠。

⑤ 可以传递空间任意两轴之间的运动。

⑥ 制造成本较高。某些具有特殊齿形或精度很高的齿轮，需要专用的或高精度的机床、刀具和量仪等，故制造工艺复杂，成本高。

⑦ 低精度齿轮传动时噪声和振动较大。

⑧无过载保护作用。

2.齿轮传动的类型

① 按照一对齿轮两轴线的相对位置和轮齿的齿向不同，齿轮传动的分类见表2-1。

表2-1 齿轮传动分类

轴线位置	齿轮形状	齿形与啮合关系		简 图	应用特点
轴线平行	圆柱齿轮	直齿	外啮合		广泛应用于平行轴之间传动，两轮旋转方向相反
			内啮合		广泛应用于平行轴之间传动，两轮旋转方向相同
			齿轮齿条啮合		能够将旋转运动变成曲线运动
		斜齿啮合			承载能力强，运行平稳，广泛应用于平行轴高速重载场合，如汽车变速器
		人字齿			适用于传递大功率和大扭矩的传动

续表

轴线位置	齿轮形状	齿形与啮合关系	简　图	应用特点
轴线相交	锥齿轮	直齿锥齿轮		广泛应用于两相交轴之间传动，能改变旋转方向，常用于汽车普通差速器
		曲齿锥齿轮		能改变旋转方向，且能传递更大的动力，运行平稳，常用于汽车主减速器
		准双曲面齿轮		准双曲面齿轮的轴线垂直不相交，有一定的偏置量，能改变旋转方向，实现空间传动，常用于汽车主减速器
轴线相错	圆柱齿轮	交错轴斜齿轮		能改变旋转的方向，实现空间传动，如汽车防滑差速器中的托森差速器
	蜗轮蜗杆			具有较大的传动比，很好的自锁性，改变旋转方向，实现空间传动

② 按齿轮的工作条件，可分为：

- 开式齿轮传动：齿轮暴露在外，不能保证良好的润滑，适用于低速及不重要的场合。
- 半开式齿轮传动：齿轮浸入油池，只有简单防护罩，适用于简单机械设备。
- 闭式齿轮传动：润滑、密封良好，用于汽车、机床及航空发动机等的齿轮传动中。

二、齿轮的各部位名称、代号（图2-36）

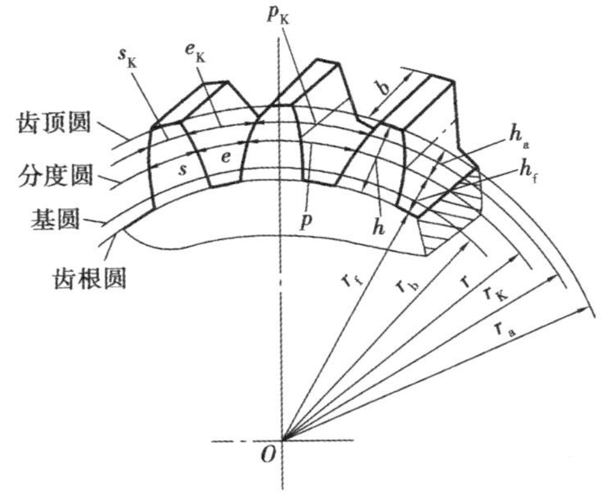

图2-36 齿轮的各部位名称、代号

视频行星齿轮原理

1.齿数

齿轮整个圆周上轮齿的个数，用z表示。

2.齿顶圆

轮齿齿顶部位构成的圆，用d_a、r_a表示其直径和半径。

3.齿根圆

轮齿齿槽底部位构成的圆，用d_f、r_f表示其直径和半径。

4.基圆

发生渐开线的圆，用d_b、r_b表示其直径和半径。

5.齿距、齿厚、齿槽宽

在半径为r_K的圆周上相邻两齿同侧齿廓之间的弧长称为该圆周上的齿距p_K；

在该圆周上所量得的一轮齿两侧齿廓间的弧长，称为齿厚s_K；

在该圆周上相邻两齿廓之间的弧长称为齿槽宽e_K。

6.分度圆

齿顶圆和齿根圆之间规定一个圆作为计算齿轮各部分尺寸的基准，称为分度圆，用d、r表示其直径和半径。分度圆上的齿厚、齿槽宽和齿距分别用s、e和p表示，对于标准齿轮，分度圆上的齿厚和齿槽宽相等，即$s=e$。

7.全齿高、齿顶高、齿根高

轮齿的齿顶圆和齿根圆之间的径向尺寸称为齿全高，用h表示；

分度圆以上的齿高称为齿顶高，用h_a表示；

分度圆以下的齿高称为齿根高，用h_f表示；

$$h=h_a+h_f$$

8.模数m（图2-37）

$d=m$由模数的定义可知，模数愈大，轮齿尺寸愈大，反之则愈小。

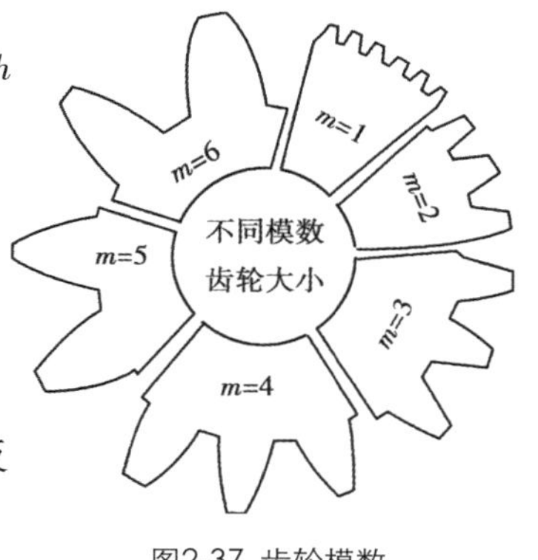

图2-37 齿轮模数

三、齿轮的结构、材料与失效形式

1. 齿轮的结构

齿轮的基本结构由轮缘、轮辐和轮毂3部分组成，常见的结构形式见表2-2。

2.齿轮的材料

一般要求齿面具有足够的硬度和耐磨性；齿心具有足够的韧性；同时具有良好的冷、热加工的工艺性。常用的5种材料如图2-38所示。

- 钢
  - 碳钢
  - 合金钢

  最常用；
- 铸铁：用于低速、轻载、不太重要的场合
- 非金属材料：如尼龙、塑料等。适用于高速、轻载、且要求降低噪音的场合

齿轮的毛坯
- 锻造：适用于中、小尺寸的齿轮
- 铸造：适用于形状复杂、尺寸大的齿轮

图2-38 齿轮常用的5种材料

表2-2 常见齿轮结构

类型	图例	类型	图例
齿轮轴式齿轮（直径较小）		轮辐式齿轮	
实心式齿轮		孔板式齿轮	
腹板式齿轮			

视频汽车齿轮传动系统

齿轮常用材料的选择原则为：

①应考虑齿轮的尺寸大小、毛坯成型方法及热处理和制造工艺。

②硬齿面齿轮传动，两轮的齿面硬度可大致相同，或小轮硬度略高。

3. 齿轮的失效形式

所谓失效，是指丧失了正常工作能力。对于齿轮传动来说，其失效主要是轮齿的失效，主要有以下5种类型：轮齿折断、齿面点蚀、齿面磨损、齿面胶合和齿面塑性变形。因此对齿轮材料的基本要求是：齿面较硬，齿芯较软，以抵抗各种齿面失效和齿根折断。

视频转向器工作原理

• 轮齿折断：主要发生在齿根部分，轮齿的折断有过载折断和疲劳折断，它是最为常见的齿轮失效形式，如图2-39所示。汽车变速器使用齿轮较多，现象为齿轮工作时，变速器会发出有节奏的响声，伴随转速变化而变化；如果断齿超过3个，就不能正常工作了。轮齿折断常常是突然发生，后果是传动失效，不但会使齿轮和机器不能工作，甚至会造成重大事故，所以应特别注意。汽车变速器中的齿轮断齿原因有：

① 材质不达标或热处理工艺不过关、润滑不当。

② 装配时没有按照技术要求进行组装或是进行突加油门等不当操作。

③ 更换后没有正确调整好传动副的间隙，造成配合过紧所致。

④ 润滑油没有按照规定标号配用，使齿轮传递动力时加大扭矩而造成损坏或断裂。

⑤ 组装时变速器内掉入其他金属物体或螺栓等杂物。

• 齿面点蚀：它是润滑良好的闭式齿轮传动常见的失效形式。点蚀是在齿面接触应力超过材料的接触疲劳极限时，在齿面上产生的麻点状损伤现象，如图2-40所示。

• 齿面磨损：它是开式齿轮传动的主要失效形式。外界杂质落入齿面产生磨损，破坏齿形，齿厚变薄影响传动的平稳性，严重时将导致轮齿折断，如图2-41所示。

• 齿面胶合：在高速重载的齿轮传动中，因温度升高，润滑油的油膜被破坏，接触齿面产生很高的瞬时温度，同时在很高的压力下，齿面接触处的金属局部黏结在一起。当齿轮继续运转时，由于两齿轮的相对滑动，在齿轮表面撕成沟纹，这种现象称为齿面胶合，如图2–42所示。

•齿面塑性变形：它是低速重载软齿轮传动的主要失效形式。重载时，较软的齿面可能在摩擦力作用下沿摩擦力方向产生局部塑性流动，从而破坏齿形。材料较软及摩擦力很大时，齿面材料沿着摩擦力的方向产生塑性变形，如图2–43所示。

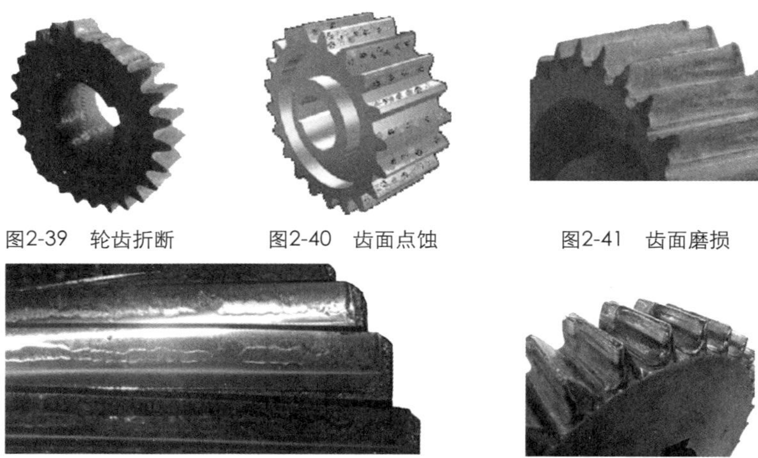

图2-39　轮齿折断　　图2-40　齿面点蚀　　图2-41　齿面磨损

图2-42　齿面胶合　　图2-43　齿面塑性变形

四、轮系

用一对齿轮可以传递运动和转矩，并达到减速、增速及改变从动轴转向等目的。但是在汽车及其他很多机械中，为了获得大的传动比或变换转速、转向，通常需要采用一系列互相啮合的齿轮将主动轴和从动轴连接起来。这种由一系列齿轮组成的传动系统称为轮系。

视频变速器工原理

1. 轮系的分类

根据其在传动时各个齿轮的几何轴线是否有相对固定的空间位置，通常可以分为定轴轮系、行星轮系两大类。

•定轴轮系：由多个齿轮组成，当轮系运转时，轮系中各个齿轮的几何轴线都是固定的，这种轮系称为定轴轮系（图2–44）。从图中可以看出，每个齿轮都在各自轴上固定做周转运动，不能做轴向滑移或径向上下变动，其实就是固定在不同的轴上，汽车的变速机构就是利用此原理设计的，如两轴式变速器、三轴式变速器。

•行星轮系：轮系运转时，至少有一个齿轮的几何轴线是绕另一个齿轮的几何轴线转动，这种轮系称为行星轮系，也称为周转轮系。如图2–45所示的行星轮系，行星轮同时与太阳轮和内齿圈相啮合，在绕其自身轴线转动（自转）的同时又绕行星架轴线转动（公转）。这种传动可将复杂的、大体积、大空间的轮系传动变为小体积、小空间，更有效利用了汽车或其他设备的有限空间，同时利用空心轴充分有效地提高了各种传动过程实心轴不可能达到的效果，所以在汽车或其他的机械中得到广泛应用。

图2-44 定轴轮系

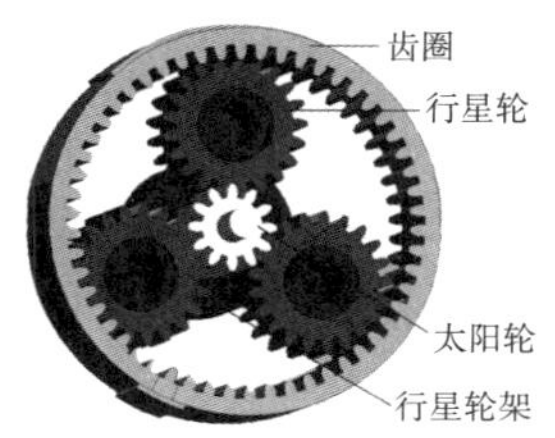

图2-45 行星轮系的组成

2.轮系的作用

（1）可获得很大的传动比

当两轮之间的传动比较大时，若仅用一对齿轮传动，则两个齿轮的齿数差一定很大，导致小齿轮磨损加快。因此，一对齿轮传动的传动比不能过大。而采用轮系传动，可以获得很大的传动比，以满足低速工作的要求。如汽车发动机在正常工作时，曲轴转速可达每分钟数千转，而在汽车倒车时，车轮转速只有每分钟上百转，其间就是用轮系来实现减速的。

一对啮合齿轮的传动比等于从动齿轮齿数与主动齿轮齿数之比，称为传动比，用 i 表示。

$$i_{12}=\frac{n_1}{n_2}=\frac{Z_2}{Z_1}$$

式中 n_1——主动轮转速；

n_2——从动轮转速；

Z_1——主动轮齿数；

Z_2——从动轮齿数。

定轴轮系传动比的大小等于组成该轮系的各对啮合齿轮传动比的连乘积，也等于各对啮合齿轮中所有从动轮齿数的连乘积与所有主动轮齿数的连乘积之比 。

$$i_{1n}=(-1)^m\frac{\text{所有从动齿轮齿数的连乘积}}{\text{所有主动齿轮齿数的连乘积}}$$

式中 m——齿轮1到齿轮 n 之间所有外啮合齿轮的对数。

（2）可做远距离的传动

当主动轴和从动轴的中心距较大，而又必须采用齿轮传动时，如果只用一对齿轮传动，则齿轮尺寸明显过大。若改用轮系来传动，便能避免这种缺陷。

视频差速器工作原理

（3）可以方便地实现变速和变向要求

通过轮系传动可以改变轮齿旋转的方向，获得不同的转速。外啮合齿轮传动时，两轮转向相反；内啮合齿轮啮合时，两轮转向相同。汽车在行驶过程中常常会改变行驶速度，前行或后退，通过轮系的使用可以很容易得以实现，所以汽车的变速器、主减速器等就是利用轮系制造的，如图2-46所示。

（4）可以实现运动的合成与分解

采用行星轮系，可以将两个独立的运动合成为一个运动，或将一个运动分解为两个独立的运动。差动轮系不仅能将两个独立地运动合成为一个运动，而且还可将一个基本构件的主动转动，按所需比例分解成另两个基本构件的不同运动。汽车后桥的差速器就是利用了差动轮系的这一特性，如图2-47所示。

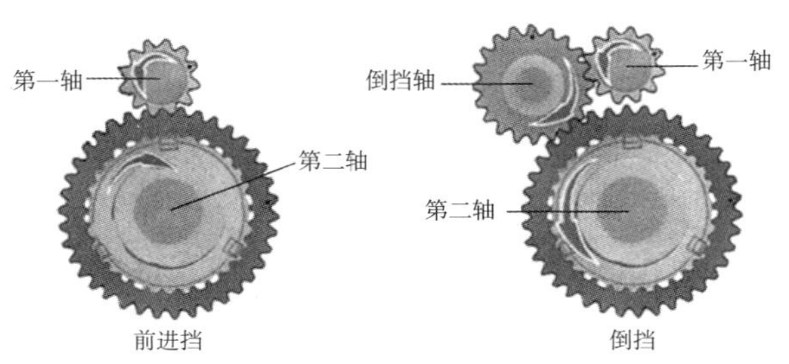

图2-46 前进挡与倒挡的区别

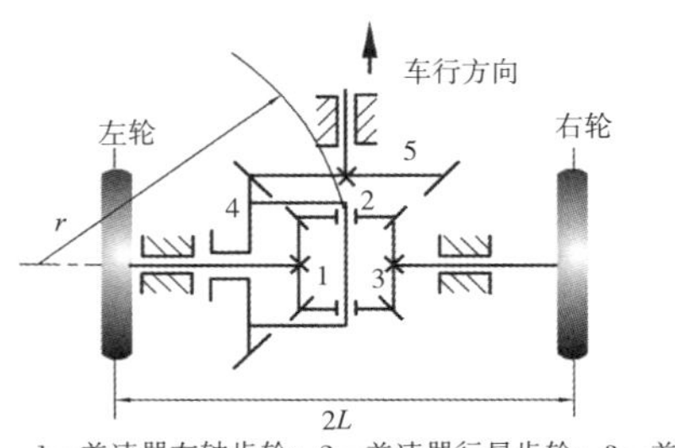

1—差速器左轴齿轮；2—差速器行星齿轮；3—差速器右半轴齿轮；4—从动锥齿轮；5—主动锥齿轮

图2-47 轮系的运动合成与分解

五、齿轮传动在汽车上的应用

1. 发动机正时齿轮

为了保证发动机正常工作，气门凸轮轴必须与曲轴之间有相应关系，即配气有正时。四冲程发动机有4个工作循环：进气—压缩—做功—排气，由曲轴转两圈完成这4个工作循环。凸轮轴的作用是用来开关气门，一个气缸的工作循环中，包括进气一次，排气一次，也就是说一个工作循环凸轮轴只需转一圈就达到了进气、排气的目的，所以曲轴跟凸轮轴的转速比为2∶1，对于凸轮轴下置式配气机构，采用不同齿数的齿轮啮合即可达到目的，如图2-48所示。

2. 齿轮齿条转向器

齿轮齿条转向器是机械转向器，又称转向机、方向机。汽车转向时，驾驶员作用于方向盘上的力，经过转向轴（转向柱）传到转向器，再通过转向传动机构的传递，推动车轮偏转，改变汽车行驶方向。汽车齿轮齿条式转向器如图2-49所示，主要由转向齿轮、转向齿条、转向器壳体等组成，其主要依靠转向齿轮与转向齿条的啮合传递运动和动力。齿轮齿条转向器结构简单、工作可靠、效率很高，多用于前轮为独立悬架的轻型及微型轿车和货车上，例如捷达、桑塔纳等轿车，南京依维柯轻型货车等都采用了齿轮齿条转向器。

图2-48 发动机正时齿轮

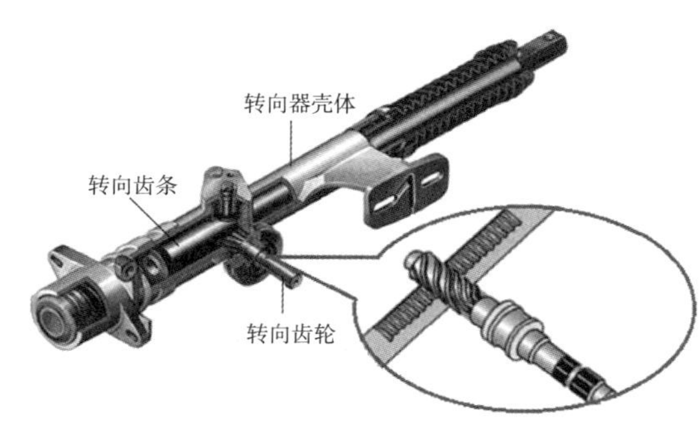

图2-49 齿轮齿条式转向器

3. 变速器

变速器是能固定或分挡改变输出轴和输入轴传动比的齿轮传动装置，又称变速箱。

汽车变速器是汽车传动系中最主要的部件之一，通过改变传动比，适应在起步、加速、行驶、倒车以及克服各种道路阻碍等不同行驶条件下对车速的不同需要。按操纵方式分为手动变速器（MT）、自动变速器（AT）、手动/自动变速器；按变速器主轴不同，分为两轴和三轴变速器。

如图2-50所示为桑塔纳2000的两轴变速器，变速器通过离合器将发动机的动力由一轴传递到二轴，再传递给主减速器。

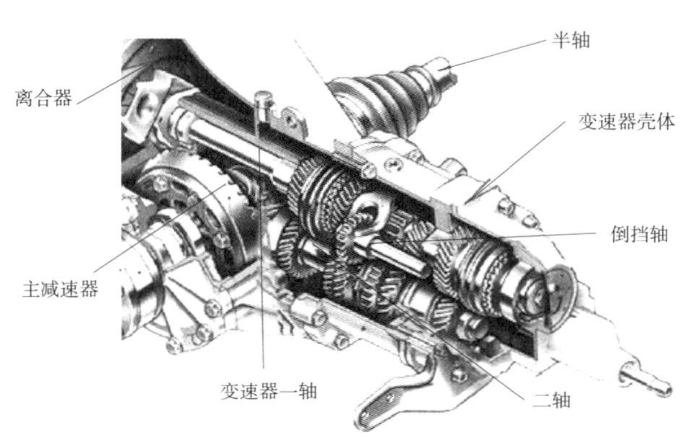

图2-50　变速器结构

齿轮形式多为斜齿圆柱齿轮、直齿圆柱齿轮。两者比较，斜齿圆柱齿轮由于轮齿接触是斜线，在啮合过程中是逐渐进入和退出啮合，因此，斜齿圆柱齿轮传动平稳，冲击和噪声小；同时斜齿圆柱齿轮承载能力大，结构紧凑，适用于变速器的高速传动；它的缺点是制造时稍复杂，工作时有轴向力。变速器中的常啮合齿轮均采用斜齿圆柱齿轮，直齿圆柱齿轮仅用于低挡和倒挡。

以常见的手动三轴变速器为例，了解变速器的工作原理：

① 变速变矩：一对大小、齿数不同的齿轮啮合，可以实现变速变矩，两齿轮外啮合，方向相反。小齿轮带动大齿轮，降速增扭；大齿轮带动小齿轮，增速降扭。

② 换挡原理：传动比变化，即挡位变化，当动力不能传到输出轴，就是空挡。

③ 变向原理：相啮合的一对齿轮旋向相反，经过中间轴的传动，输入轴和输出轴的转向一致。倒车时，倒挡齿轮接合，再加上倒挡中间齿轮，输入轴和输出轴的转向相反。如图2-51所示，发动机输出的动力，经过中间轴，间接传递至输出轴。换挡时，通过换挡杆移动换挡叉（拨叉），再通过同步器的结合，齿轮（蓝色）将中间轴的动力传递给输出轴。接合前，换挡齿轮在输出轴上空转。接合后，动力通过同步器，把动力传递到输出轴上。

4. 主减速器和差速器

汽车正常行驶时，发动机的转速通常在2 000 ~ 3 000 r/min，但扭矩有限，不能驱动汽车，需要减速增扭。所以发动机的动力经过变速器输出后，必须经过主减速器将变速器输出的动力再次减速，以增加转矩，才能通过差速器传递到车轮。在发动机横向布置的汽车上，主减速器往往采用简单的斜齿圆柱齿轮；在发动机纵向布置的汽车上，主减速器往往采用圆锥齿轮和准双曲面齿轮的形式。以曲齿锥齿轮主减速器（图2-52）为例，它是依靠齿数少的齿轮带动齿数多的齿轮来实现减速的，采用曲齿锥齿轮传动同时可以改变旋转方向。

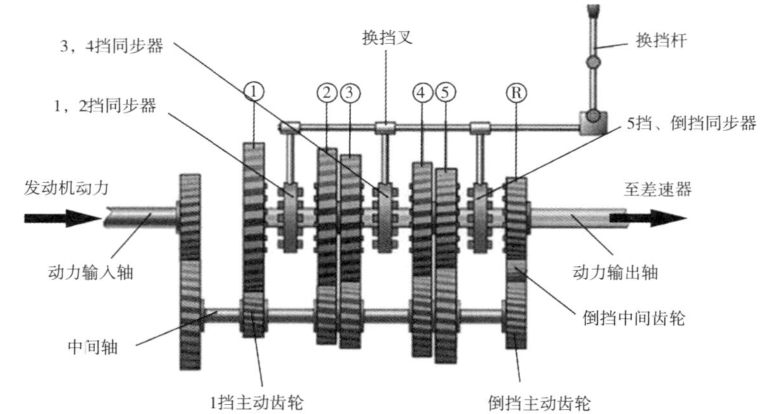

图2-51　变速器工作原理

1—1挡从动齿轮；2—2挡从动齿轮；3—3挡从动齿轮；4—4挡从动齿轮；5—5挡从动齿轮

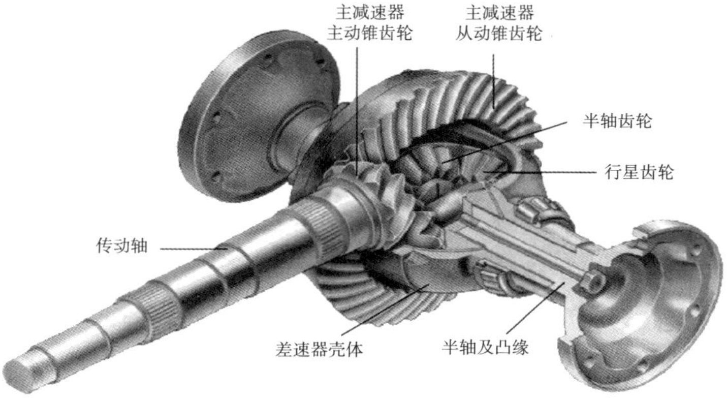

图2-52　主减速器和差速器

汽车差速器是一个差速传动机构，它的位置处于传动轴与左右半轴的交汇点，从发动机输出的动力在这里经过主减速器被分配到左右两个半轴，用来保证各驱动轮在各种运动条件下的动力传递。

普通差速器的核心是两个行星齿轮和两个与传动轴相连的半轴齿轮。这4个齿轮都在差速器壳内，通过主减速器传来的动力带动差速器壳体，壳体转动时带动行星轮转动，再由行星轮带动左、右两条半轴，分别驱动左、右车轮。如图2-53所示，车辆直行时，差速器壳体内的行星齿轮只是跟着壳体公转而不会自转，左右车轮转速相同；当车辆转弯时，内侧车轮会产生更大的阻力，两侧半轴受力不同会使得中间的行星齿轮产生自转，外侧半轴转速加快，内侧半轴转速减慢，从而实现两边车轮转速的差异。

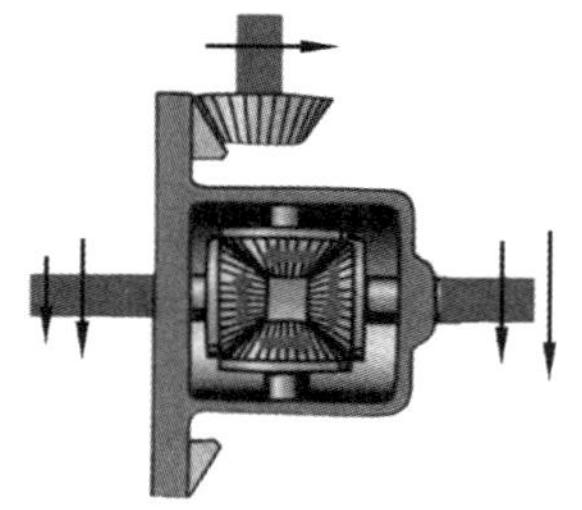

图2-53　普通差速器工作示意图

任务检测

1. 认识齿轮传动的类型。

请在图2-54中标出齿轮传动的类型。

图2-54　齿轮传动的类型

2. 认识齿轮的失效形式。

请在图2-55中标出齿轮的失效形式。

图2-55　齿轮的失效形式

3. 认识轮系。

请在图2-56中标出啮合齿轮的旋向。

图2-56　齿轮的旋向

4. 齿轮传动在汽车上的应用。

（1）在汽车发动机正时齿轮中，曲轴跟凸轮轴的转速比为2∶1，那么曲轴齿轮齿数与凸轮轴齿轮齿数比为__________。

（2）齿轮传动在汽车转向系的应用主要是____________。这种机械式转向器主要由__________、__________和转向器壳体组成。

（3）手动变速器中的常啮合齿轮均采用______齿轮，______齿轮仅用于低挡和倒挡。变速器是根据不同的齿轮啮合得到不同的______从而实现换挡的目的。

（4）请在图2-57中标出1，2，3，4零件的名称。

图2-57 汽车后桥组成

任务拓展

1. 复合轮系

如果轮系中既包含定轴轮系，又包含周转轮系，或者包含几个周转轮系，则称为复合轮系，如图2-58所示。汽车后桥的主减速器为定轴轮系，差速器为行星轮系，组合而成复合轮系，如图2-59所示。

2. 齿轮传动装置的润滑

良好的润滑能使齿轮传动机构减少轮齿的磨损，延长使用寿命，带走齿轮间摩擦产生的热量，而且还能起到防锈和降低噪声等作用。开式或低速齿轮传动常采用人工定期润滑，可用润滑油或润滑脂。汽车变速器和主减速器的齿轮润滑常采用专用的齿轮油，可用飞溅方式润滑各齿轮副、轴与轴承等零件的工作表面。

图2-58 复合轮系

图2-59 主减速器和差速器的复合轮系

3. 差速器的种类

现代汽车上的差速器通常按其工作特性分为齿轮式差速器和防滑差速器两大类。普通的对称式锥齿轮差速器能满足汽车在良好路面上正常行驶，但当汽车在坏路上行驶时，却严重影响通过能力。例如，当汽车的一个驱动轮陷入泥泞路面时，虽然另一驱动轮在良好路面上，汽车却往往不能前进（俗称打滑）。此时在泥泞路面上的驱动轮原地滑转，在良好路面上的车轮却静止不动。为提高汽车在坏路上的通过能力，某些越野汽车及高级轿车上装置防滑差速器。防滑差速器的特点是，当一侧驱动轮在坏路上滑转时，能使大部分甚至全部转矩传给在良好路面上的驱动轮，以充分利用这一驱动轮的附着力来产生足够的驱动力，使汽车顺利起步或继续行驶。为实现上述要求，最简单的方法是在对称式锥齿轮差速器上设置差速锁，使之成为强制止锁式差速器。当一侧驱动轮滑转时，可利用差速锁使差速器锁死而不起差速作用。

评价与反思

评价表

序号	考核项目	考核内容	配分/分	评分标准	得分
1	认识齿轮传动	① 齿轮传动的特点 ② 齿轮传动的类型	20	① 能描述齿轮传动的特点得5分 ② 能识别齿轮传动的类型得15分	
2	认识齿轮	① 齿轮的种类 ② 齿轮的失效形式	10	① 能描述齿轮的种类得5分 ② 能识别齿轮的失效形式得5分	
3	认识轮系	① 轮系的种类 ② 轮系的传动比 ③ 轮系的齿轮旋向	30	① 能区分不同的轮系得10分 ② 能计算轮系的传动比得10分 ③ 能判别轮系的齿轮旋向得10分	
4	齿轮传动在汽车上的应用	① 正时齿轮 ② 齿轮齿条转向器 ③ 变速器 ④ 主减速器、差速器	40	① 能描述正时齿轮的作用得10分 ② 能描述齿轮齿条转向器的作用得10分 ③ 能描述变速器的工作原理得10分 ④ 能描述主减速器和差速器工作原理得10分	
总分			100	合计	

反思

1. 发动机和变速器都需要用润滑油润滑，发动机的润滑油称为机油，变速器的润滑油称为齿轮油（变速器油）。思考：二者有何区别？能否混用？齿轮失效有多种形式和原因，如何合理使用齿轮油防止齿轮失效？
2. 变速器按操纵方式分为手动变速器（MT）、自动变速器（AT）。手动变速器里的轮系为定轴轮系的代表。思考：自动变速器的轮系是什么种类？
3. 前置后驱的汽车在驱动后桥设置了差速器。思考：前置前驱的差速器在哪里？左右车轮间有差速器，前后轴之间有差速器吗？
4. 查找我国古代“记里鼓车”的相关内容。同学们能不能也做出一些有关齿轮传动的小发明呢？

任务四 认识蜗杆传动

任务描述

本任务主要讲述蜗杆传动的特点、安装维护、传动比、传动方向以及蜗杆传动在汽车上的应用。通过学习，了解蜗杆传动的特点，学会计算蜗杆传动的传动比，判断蜗杆传动的方向，熟悉蜗杆传动在汽车上的应用。

关键点：蜗杆传动的特点及维护，蜗杆传动的方向及应用。

任务目标

完成本任务的学习后，你应：

★ 能描述蜗杆传动的特点；

★ 能计算蜗杆传动的传动比；

★ 能判断蜗杆传动的方向；

★ 能描述蜗杆传动的维护方法；

★ 能描述蜗杆传动在汽车上的应用。

任务实施

一、蜗杆传动的特点

蜗杆传动是由交错轴斜齿圆柱齿轮传动演化而来的。齿数少的称为蜗杆，常和轴做成一体，称为蜗杆轴；齿数多的称为蜗轮。蜗杆为主动件，主要应用于传递空间两交错轴间的运动和动力，交错角为90°，如图2-60所示。

图2-60 蜗杆传动

蜗杆传动有如下特点：

①传动比大，结构紧凑。一般动力传动中，传动比 i=10～80，在分度机构中，i可达1 000，这样大的传动比如用齿轮传动，则需要采取多级传动才行，所以蜗杆传动结构紧凑、体积小、质量轻。

②传动平稳，噪声小。由于蜗杆齿呈连续的螺旋状，它与蜗轮齿的啮合是连续不断地进行的，同时啮合的齿数较多，故传动平稳，噪声小。

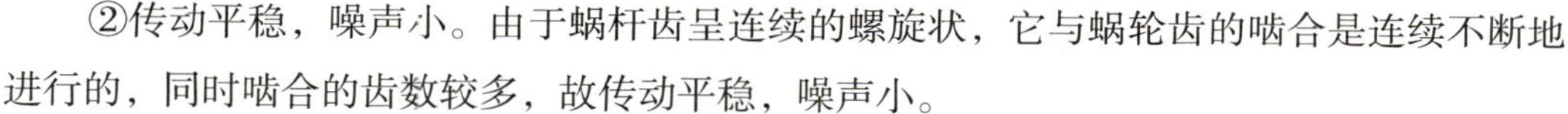

③良好的自锁性。只能由蜗杆带动蜗轮转动，反之无法转动。

④传动效率低，易发热，磨损快。因蜗杆传动齿面间存在较大的相对滑动，摩擦损耗大，效率较低，容易发热，需要相应的散热措施。

⑤制造成本高。为减轻齿面的磨损及防止胶合，蜗轮一般要采用价格比较高的有色金

属（如青铜）制造，因此造价较高。

二、普通圆柱蜗杆传动的主要参数和几何尺寸

1.模数m和压力角α

为了方便加工，规定蜗杆的轴向模数为标准模数。蜗轮的端面模数等于蜗杆的轴向模数，因此蜗轮端面模数也应为标准模数，压力角标准值为20°。

2.蜗杆头数Z_1、蜗轮齿数Z_2与传动比i_{12}

$$i_{12}=\frac{n_1}{n_2}=\frac{Z_2}{Z_1}$$

为获得大传动比i_{12}，应采用单头蜗杆，即$Z_1=1$，但其传动效率低。为了提高效率应增加蜗杆的头数，但这又会造成蜗杆加工的困难。一般取Z_1=1、2、4、6。在动力传动中，为提高效率，常用多头蜗杆。单头蜗杆传动不仅可以得到大传动比i_{12}，而且其传动具有自锁性，常用于起重装置中。蜗杆头数z_1确定后，按传动比i_{12}的大小确定蜗轮齿数Z_2，$Z_2=i_{12}Z_1$。当$Z_1=1$时，要求蜗轮齿数$Z_2\geqslant 17$；当$Z_1=2$时，要求$Z_2>27$；一般动力传动中，$Z_2<80$。

3.蜗杆直径d_1与蜗杆导程角γ

设蜗杆的分度圆直径为d_1，螺旋导程为l，轴向齿距（螺距）为p_{x1}，导程角为γ，则有：

$$d_1=m\frac{Z_1}{\tan\gamma}$$

蜗杆的分度圆直径为d_1必须按国家标准取值。当m一定时，增大d_1值，可以提高蜗杆轴的强度和刚度。增大γ值，可提高蜗杆传动的效率。对于要求高效率的传动，常采用$\gamma=15°\sim30°$，此时应采用多头蜗杆，即取$Z_1>1$。当要求蜗杆传动具有自锁性能时，应取$\gamma\leqslant 3°30'$；此时应取$Z_1=1$。

三、蜗杆传动的传动比及传动方向

1.蜗杆传动的传动比计算

蜗杆传动装置中，分别将蜗杆的头数和蜗轮的齿数视为齿轮传动机构的齿数。因此，蜗杆的头数直接影响蜗轮蜗杆的传动效率。蜗杆头数Z越多，传动效率越高，但结构尺寸相应增大，加工制造越困难。当$Z=1$时，传动比最大，但此时传动效率也最低。

蜗杆传动装置的传动比 $i=\frac{n_1}{n_2}=\frac{Z_2}{Z_1}$

式中 n_1——蜗杆转速；

n_2——蜗轮转速；

Z_1——蜗杆头数；

Z_2——蜗轮齿数。

2. 蜗杆传动的传动方向

（1）蜗杆的螺纹旋向

蜗杆的螺纹旋向如图2-61所示，旋向判别方法为：将蜗杆轴线呈竖直放置，观察螺旋线绕行方向，左边高则为左旋，右边高则为右旋。

图2-61 螺纹旋向的判别

（2）蜗轮的旋向

左、右手法则：左旋蜗杆用左手，右旋蜗杆用右手。当蜗杆是右旋（或左旋）时，伸出右手（或左手）半握拳，用四指顺着蜗杆的旋转方向，这时大拇指所指的相反方向就是蜗轮与蜗杆接触点的线速度方向，即可得出蜗轮旋转方向，如图2-62所示。

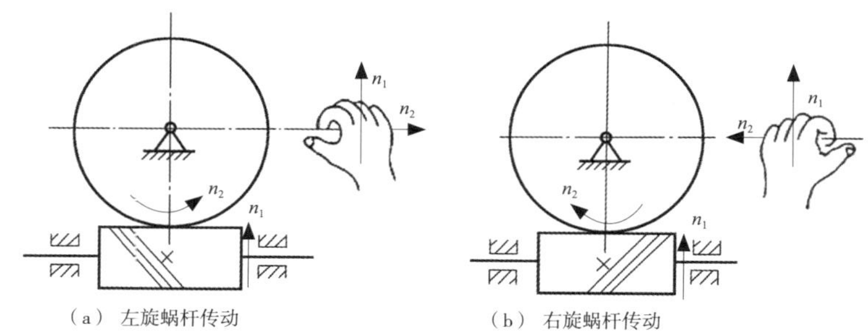

图2-62 蜗轮的转动方向判别

四、蜗杆的失效形式

在蜗杆传动中，蜗轮轮齿的失效形式有点蚀、磨损、胶合和轮齿弯曲折断。但一般蜗杆传动有效率较低、滑动速度较大、容易发热等缺点，故胶合和磨损破坏更为常见。

为了避免胶合和减缓磨损，蜗杆传动的材料必须具备减摩、耐磨和抗胶合的性能。一般蜗杆用碳钢或合金钢制成，螺旋表面应经热处理（如淬火和渗碳），以便达到高的硬度(HRC45 ~ 63),然后经过磨削或珩磨以提高传动的承载能力。蜗轮多数用青铜制造，对低速不重要的传动，有时也用黄铜或铸铁。为了防止胶合和减缓磨损，应选择良好的润滑方式，选用含有抗胶合添加剂的润滑油。对于蜗杆传动的胶合和磨损，还没有成熟的计算方法。齿面接触应力是引起齿面胶合和磨损的重要因素，因此仍以齿面接触强度计算为蜗杆传动胶合和磨损的基本计算。此外，有时还应验算轮齿的弯曲强度。一般蜗杆齿不易损坏，故通常不必进行齿面接触强度的计算，但必要时应验算。对闭式传动还应进行热平衡计算。如果热平衡计算不能满足要求，则在箱体外侧加设散热片或采用强制冷却装置。

视频循环球式转向器

五、蜗杆传动的维护

蜗杆传动工作一段时间后应测试油温，如果超过油温的允许范围应停机或改善散热条件。还要经常检查蜗轮齿面是否保持完好。润滑对于蜗杆传动的工作及延长使用期限很重要。可以采取以下措施加以维护：

① 蜗杆传动的安装方式：当采用浸油润滑时，蜗杆尽量下置；当蜗杆的速度较大时，为避免蜗杆的搅油损失过大，采用蜗杆上置的形式。

② 在闭式蜗杆传动中，润滑方式可采用浸油润滑和压力喷油润滑；对于开式传动，则采用黏度较高的齿轮油或润滑脂进行润滑。

③ 蜗杆传动摩擦大，容易发热，常用的散热方式为：增加散热面积，使用散热片；安装风扇；利用冷却水管；压力喷油润滑。

六、蜗杆传动在汽车上的应用

1. 电动刮水器

如图2–63所示，在汽车电动刮水器里，电动机传递的动力就是通过蜗轮蜗杆传给拉杆工作。

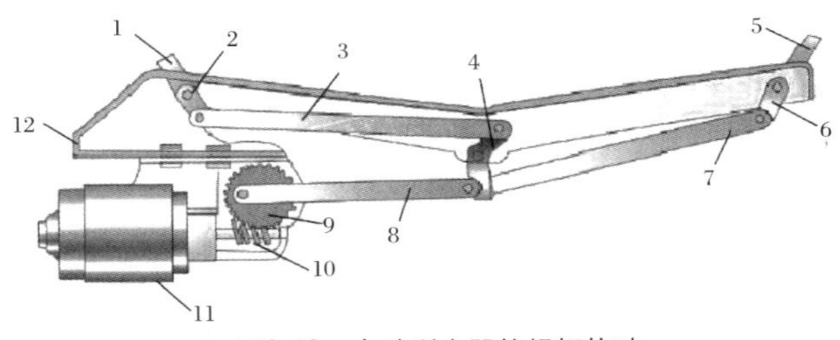

图2-63　电动刮水器的蜗杆传动

1，5—刷架；2，4，6—摆杆；3，7，8—拉杆；
9—蜗轮；10—蜗杆；11—电动机；12—底板；

2. 蜗杆曲柄指销式转向器

在汽车传动系中，也有蜗杆传动的形式，只是其蜗轮不是一个完整的圆，而是一个扇形。如图2–64所示，以转向蜗杆为主动件，其从动件是装在摇臂轴曲柄端部的指销。转向蜗杆转动时，与之啮合的指销即绕摇臂轴轴线沿圆弧运动，并带动摇臂轴转动。

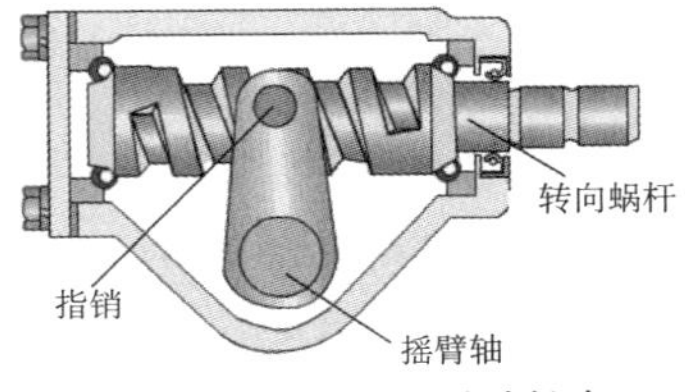

图2-64　蜗杆曲柄指销式转向器

任务检测

1. 认识蜗杆传动。

请在图2–65中标出蜗杆传动的组成。

2. 计算蜗杆传动的传动比。

蜗杆的头数是1，蜗轮的齿数是60，那么传动比是_____。

蜗杆的头数是2，蜗轮的齿数是60，那么传动比是_____。

蜗杆的头数是4，蜗轮的齿数是60，那么传动比是_____。

蜗杆的头数是6，蜗轮的齿数是60，那么传动比是_____。

图2-65　蜗杆组成

3. 判断蜗杆传动的方向。

（1）如图2–66所示，蜗杆为主动件，试标出蜗轮的旋向。

（2）已知图2–67中Ⅰ轴的转向，欲提升重物*W*，则蜗杆螺旋线方向及蜗轮轮齿旋向为________________。

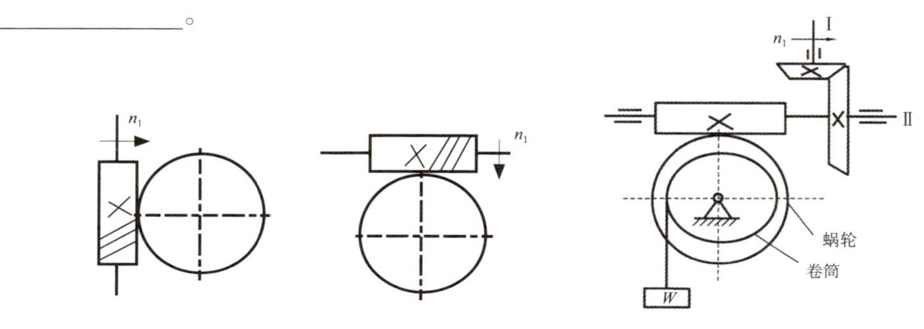

图2-66　蜗杆传动方向的判别　　图2-67　蜗杆传动练习

任务拓展

托森差速器（图2–68）是应用于前、后轴间的差速器。利用蜗杆传动的不可逆性原理和齿面高摩擦条件，使差速器根据其内部差动转矩的大小而自动锁死或松开，即在差速器内差动转矩较小时起差速作用，而过大时自动将差速器锁死，有效地提高了汽车通过性。

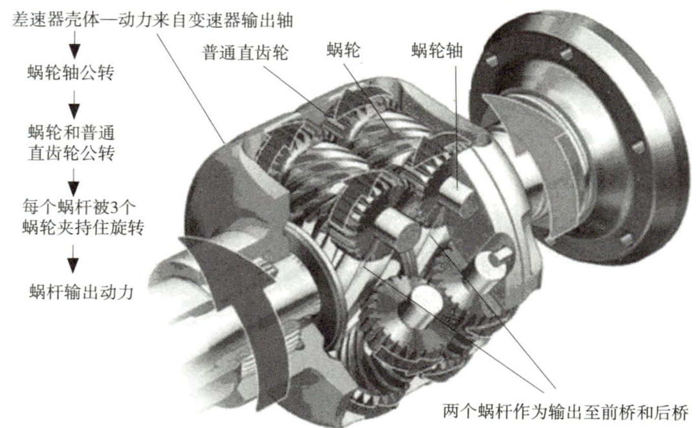

图2-68　托森差速器

评价与反思

评价表

序号	考核项目	考核内容	配分/分	评分标准	得分
1	认识蜗杆传动	① 蜗杆传动的特点 ② 蜗杆传动的维护	40	① 能描述蜗杆传动的特点得20分 ② 能描述蜗杆传动的维护方法得20分	
2	蜗杆传动的传动比及方向	① 蜗杆传动的传动比 ② 蜗杆传动的旋向	40	① 能计算蜗杆传动的传动比得20分 ② 能判别蜗杆传动的旋向得20分	
3	蜗杆传动在汽车上的应用	① 雨刮器上的蜗杆传动 ② 蜗杆转向器	20	① 能描述蜗杆传动在雨刮器的作用得10分 ② 能识别蜗杆转向器得10分	
总分			100	合计	

反思

1. 蜗杆传动有什么优缺点？蜗杆传动的传动比较大，为什么在汽车上主要的动力传动系统应用较少？
2. 蜗杆传动中，蜗杆的旋向与蜗轮的旋向是否一致？
3. 蜗杆传动具有自锁性，所以蜗轮永远是从动件，这种说法对吗？
4. 蜗杆传动广泛应用在机床、汽车、仪器、冶金机械及其他机器或设备中。同学们能不能也做出一些有关蜗杆传动的小发明呢？

任务五　认识螺旋传动

任务描述

本任务主要讲述螺旋传动的类型、作用和优缺点。通过螺旋传动结构的学习，认识循环球式转向器在汽车上的应用。

关键点：螺旋传动的类型及作用，螺旋传动的结构及应用。

任务目标

完成本任务的学习后，你应：

★ 能描述螺旋传动的作用和优缺点；

★ 能识别螺旋传动的类型；

★ 能说出循环球式转向器的工作原理。

任务实施

一、螺旋传动的特点

螺旋传动是利用螺杆和螺母的啮合来传递运动或动力的机械传动，主要用于将旋转运动转换成直线运动，将转矩转换为推力。螺旋传动具有结构简单、传动连续平稳、承载能力大，传动精度高的特点，故应用广泛。但它在传动过程中功率损耗较大，传动效率较低。

二、螺旋传动的分类

1. 按工作特点分类

按工作特点，螺旋传动的螺纹分为传力螺纹、传导螺纹和调整螺纹。

• 传力螺纹：以传递动力为主，它用较小的转矩产生较大的轴向推力，一般在低转速下工作，每次工作时间短或间歇工作，而且通常要求自锁。例如，螺旋千斤顶上的螺旋（图2-69）等。

• 传导螺纹：以传递运动为主，要求具有高的运动精度，一般在较长时间内连续工作，工作速度较高。例如，机床的进给螺旋（图2-70），实现机床中刀具和工作台的直线进给。

• 调整螺旋：用于调整或固定零件（或部件）之间的相对位置，一般不经常转动，要求自锁。例如，带传动调整中心距的张紧螺旋（图2-71）。

图2-69　螺旋千斤顶

图2-70　机床的进给螺旋

图2-71　带传动张紧螺纹

2. 按螺纹间摩擦性质分类

视频液压千斤顶原理

按螺纹间摩擦性质，螺纹传动可分为滑动螺旋传动和滚动螺旋传动。

• 滑动螺旋传动：滑动螺旋结构简单，易于制造，传力大，易于自锁，所以应用最广泛，但缺点是摩擦阻力大，传动效率低（一般为30%~40%）。滑动螺旋传动按照螺纹副的移动方向不同，可分为左旋螺纹传动和右旋螺纹传动，它的旋向判断方法与螺纹旋向左、右手的判断方法相同。按滑动螺旋传动中所含螺旋副的数目不同，滑动螺旋传动又可分为单螺旋传动和双螺旋传动。双滑动螺旋传动中根据两螺旋副中的螺纹旋向，分为同向螺纹传动和反向螺纹传动，具体应用见表2-3。

• 滚动螺旋传动：在螺杆和螺母中有封闭循环的滚道，在滚道间填充钢珠，当传动工作时，滚动体沿螺纹滚道滚动并形成循环，使螺旋副的滑动摩擦变为滚动摩擦，这种传动称为滚动螺旋传动（图2-72）。与滑动螺旋传动相比，滚动螺旋传动具有摩擦损失小，传动效率高，一般在90%以上；工作寿命长；灵敏度高且运动有可逆性等优点，故其在数控机床、汽车中广泛应用。

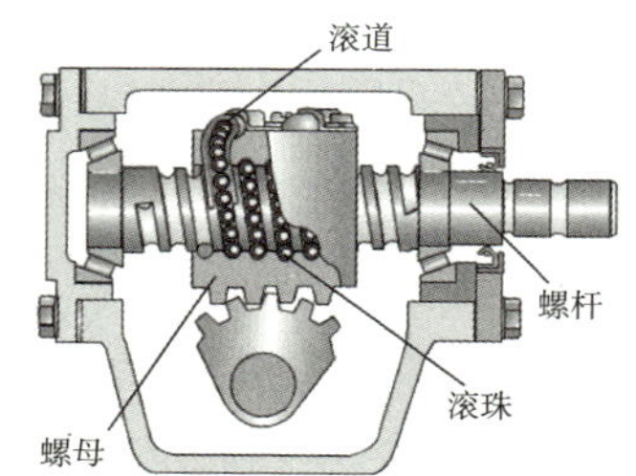

图2-72　滚动螺旋传动的组成

表2-3 滑动螺旋传动应用与分类

类 型	应 用		图 例
单螺旋传动	左旋螺纹、右旋螺纹		
双螺旋传动	同向	差动螺旋机构	
	反向	转向（传动）横拉杆	

三、螺旋传动在汽车上的应用

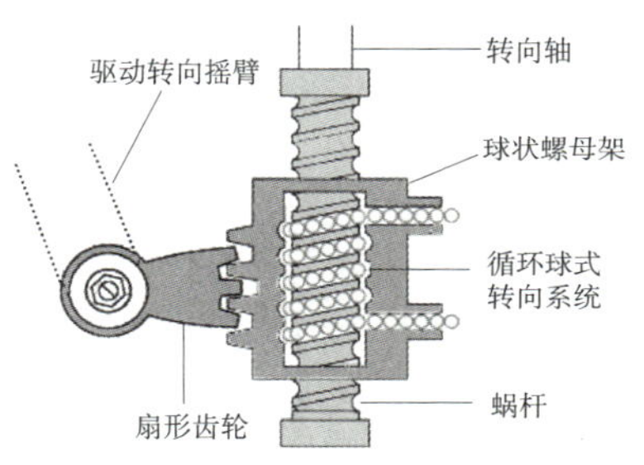

图2-73 循环球式转向器

循环球式转向器是螺旋传动在汽车上的典型应用，它是目前国内外应用最广泛的转向器之一。循环球式转向器的基本结构如图2-73所示，它有两级传动副，第一级是螺杆—螺母传动副，第二级是齿条—齿扇传动副。

它的工作原理为：螺杆螺母传动副将来自方向盘的旋转运动变为蜗轮蜗杆的旋转运动；螺杆和螺母夹着钢球啮合，因而螺杆的旋转运动变为直线运动；螺母再与齿扇啮合，直线运动再次变为旋转运动，驱动转向摇臂，连动拉杆和横拉杆做直线运动，改变车轮的方向。

循环球式转向器因为流动钢球的存在，大大降低了摩擦力，所以耐磨性好，使用寿命长；同时转向器的转动比易于实现可变；工作平稳，转向舒适。它的缺点是结构复杂，制造精度要求高，自重大。目前循环球式转向器主要用于货车、客车和部分轿车。

任务检测

1. 认识螺旋传动。

（1）螺旋传动是利用螺杆和螺母的啮合来传递运动或动力的机械传动，它可以将旋转运动转换成运动，将转矩转换为________。

（2）螺旋传动具有结构________、传动连续平稳、承载能力________，传动精度高的特点，故应用广泛。但传动过程中功率损耗较大，传动效率较________。

2. 了解螺旋传动的类型。

（1）螺旋传动按其用途可分为________、________、________3种类型。

（2）按螺纹间摩擦性质，螺纹传动可分为滑动螺旋传动和滚动螺旋传动，请在图2-74中找出二者。

图2-74 螺旋传动的类型

3. 认识循环球式转向器。

请在图2-75中标出螺杆、螺母、滚珠。

图2-75 循环球式转向器的组成

任务拓展

汽车转向系统

汽车的转向系统分为机械式转向系统和动力转向系统。

1. 机械式转向系统

以驾驶员的体力作为转向动力，其中所有传力部件都是机械的，没有辅助动力源。机械转向系统主要由转向操纵机构、转向器和转向传动机构三部分组成。转向操纵机构就是驾驶员操纵转向器工作的机构，包括从转向盘到转向器输入端的零部件等。操纵汽车转向时，驾驶员对转向盘的操纵力是非常有限的，因此需要借助增力装置来使转向车轮发生偏转。而转向器就是把转向盘传来的转矩按一定传动比进行放大，并输出到增力装置。汽车转向器常用的类型有齿轮齿条式、蜗杆曲柄销式和循环球式。

• 齿轮齿条转向器：这是一种最简单的转向器。它的优点是结构简单，成本低廉，转向灵敏，体积小，可以直接带动横拉杆。这种转向器在汽车上得到广泛应用。

• 蜗杆曲柄销式转向器：这种转向器通常用于转向力较大的载货汽车上。

• 循环球式转向器：这种转向器的优点是，操纵轻便，磨损小，寿命长；缺点是结构复杂，成本较高，转向灵敏度不如齿轮齿条式。

2. 动力转向系统

由于机械式转向系统完全靠人力驱动，所以它也很难同时满足省力和灵敏度两种需求，因此，目前很多车型都逐渐开始采用动力转向系统，除乘用车外，还包括大多数商用车和工程机械。

动力转向系统是在机械转向系统的基础上加设的一套转向加力装置。目前，在转向系统中普及率较高的有液压助力转向(HPS)、电控液压助力转向(EHPS)和电动助力转向(EPS)。

评价与反思

评价表

序号	考核项目	考核内容	配分/分	评分标准	得分
1	认识螺旋传动	螺旋传动的特点	20	能描述蜗杆传动的特点得20分	
2	螺旋传动的类型	① 螺旋传动的类型 ② 螺旋传动的特点	50	① 能判别螺旋传动的类型的25分 ② 能描述螺旋传动的特点得25分	
3	螺旋传动在汽车上的应用	循环球式转向器	30	能说出循环球式转向器的工作原理得30分	
总分			100	合计	

反思

1. 结合任务三、四、五的内容，思考：常见的汽车转向器有哪几种？哪一种应用最广泛？原因是什么？
2. 生活中你应该见过活动扳手的应用，它应用了螺旋传动的原理，你还见过哪些螺旋传动？

任务六　认识液压传动

任务描述

液压传动是以液体作为工作介质，利用液体的压力能来传递动力和进行控制的一种传动方式。从1975年英国制成第一台水压机开始，至今已有近200年的历史。第二次世界大战后，液压技术得到了迅速的发展和广泛的应用，目前液压元件质量的着重点是高压、大流量、微型化、集成化、低噪声和长寿命。本任务主要讲述液压传动的组成、类型以及在汽车上的应用。

关键点：液压传动的类型及应用。

任务目标

完成本任务的学习后，你应：

★ 能描述液压传动的组成；

★ 能描述液压传动的类型和应用；

★ 能描述液压传动在汽车上的作用。

任务实施

一、液压传动的工作原理

液压千斤顶是最简单的液压传动装置，图2-76所示为液压千斤顶的工作原理示意图。当杠杆向上提起时，蓝色小活塞上升使小液压缸的密封容积增大，此时单向阀2受弹簧的作用力关闭，小液压缸1中活塞下端的油腔形成真空，油箱4中的油液在大气压力的作用下，推开单向阀3，完成吸油；当$F1$向下压杠杆时，小活塞下移，小活塞下腔受压，单向阀3关闭，推开单向阀2，小液压缸1油腔内的液体经单向阀2、油管7进入大液压缸6的油腔，使蓝色大活塞上升，从而顶起重物。当需下降重物时，松开截止阀5（放油阀）即可。

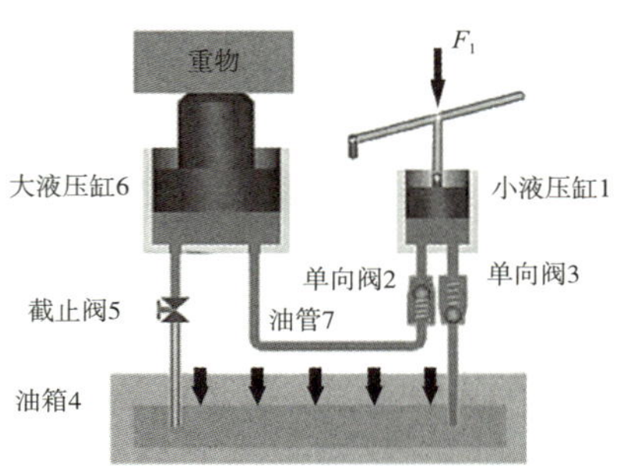

图 2-76 液压千斤顶工作原理示意图

由此可知，液压传动是以油液作为工作介质，通过密封容积的变化来传递运动，通过油液内部的压力来传递动力。液压传动广泛应用于交通运输、土木水利工程、钢铁工业等机械方面。

二、液压传动的组成

液压传动的组成如图2-77所示。

- 动力元件：将原动机的机械能转换为油液的压力能，即液压泵。
- 执行元件：将液压能转换为机械能以驱动工作部件，包括液压缸和液压马达。
- 控制元件：用来控制系统的压力、流量和液体的流动方向，包括各种控制阀（油压控制阀、流量控制阀及方向控制阀）。
- 辅助元件：用来将前面3个部分连接在一起，为系统的正常工作提供条件，主要包括油箱、过滤器、管路、接头等。

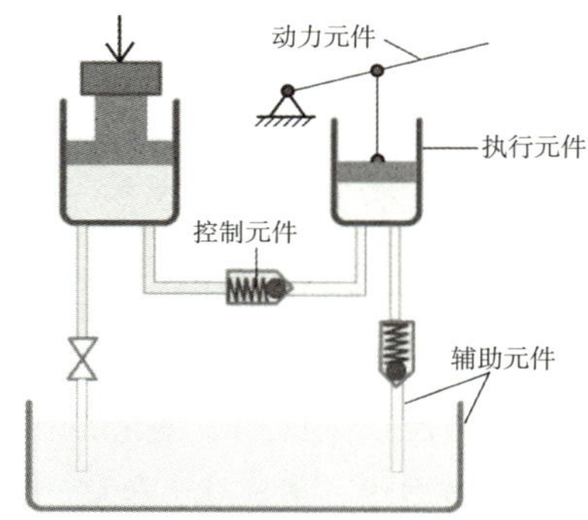

图 2-77 液压传动组成

三、液压传动的特点

液压传动与其他传动形式相比较，有以下优点：

①功率大，结构紧凑，质量轻；操纵方便、省力，特别是与电气组合应用时。

②能实现无级调速，调速范围大。

③运动平稳可靠，一般装有安全阀便可防止过载。能自行润滑，使用寿命较长。

④液压传动能在各种方位传动，容易实现往复传动。

⑤液压元件易于实现标准化、系列化和通用化，有利于生产与设计。

液压传动也有不少缺点，例如：传动效率较低；液压系统产生故障时，不易找到原因，维修困难；为减少泄漏，液压元件的制造精度要求较高。

四、液压传动在汽车上的应用

液压传动因为其体积小，传动功率大，可在较小的空间传递复杂的运动等原因，广泛应用于汽车制造与维修，如举升机（图2-78）就是利用液压千斤顶的基本原理制造的最简单的维修器具。液压传动在汽车上主要应用于制动总泵、液压式可调悬架及液压式转向助力系统。

图 2-78　举升机

1. 液压制动总泵

液压制动总泵又称刹车总泵，这个部件通常位于发动机舱靠近驾驶员的一侧（图2-79）。目前大部分小型车都采用液压制动，因为液体是不能被压缩的，能够几乎100%的传递动力。其基本原理是驾驶员踩下制动踏板，向制动总泵中的刹车油施加压力，液体将压力通过管路传递到每个车轮制动卡钳的活塞上，活塞驱动制动卡钳夹紧制动盘从而产生巨大摩擦力令车辆减速，如图2-80所示。

图2-79　液压制动总泵在汽车上的位置

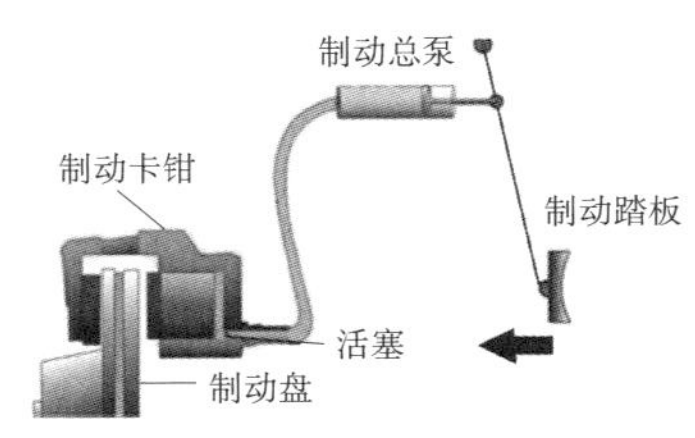

图2-80　液压制动系统原理

制动总泵需要将管路连通到每个刹车卡钳上，我们可以看到从刹车总泵上伸出的几根黑色管，这些管道都是金属材质的。因为，金属没什么弹性，不会因为液体的压强增大而扩张，能保证制动力的传递。但是在管路的尽头（车轮附近）却不得不采用软管，因为在行驶过程中车辆悬挂总是不断地在做相对于车身的运动，其中一般家用车都采用橡胶材质软管。从刹车效果来看，软管终究不是最理想的，因此，很多后期刹车改装中都会采用所谓的“钢喉”。“钢喉”也不是传统的钢管，它的内部依然是橡胶管，只是在外表套上钢线编织管，提升耐高压性能，如图2-81、图2-82所示。

图2-81 液压制动系统管路

图2-82 液压制动系统车轮制动器

图2-83 液压式可调悬架

2. 液压式可调悬架

液压式可调悬架（图2-83）就是指根据车速和路况，通过增减液压油的方式调整汽车底盘的离地间隙来实现车身高度升降变化的一种悬架方式。

内置式电子液压集成模块是液压式可调悬架的核心，可根据车速、减振器伸缩频率和伸缩程度的数据信息，在汽车重心附近安装有纵向、横向加速度和横摆陀螺仪传感器，用来采集车身振动、车轮跳动、车身高度和倾斜状态等信号。这些信号被传送给行车电脑，行车电脑再根据输入信号和预先设定的程序操纵前后4个执行油缸工作，并通过增减液压油的方式实现车身高度的升或降，也就是根据车速和路况自动调整离地间隙，从而提高汽车的平顺性和操纵稳定性。液压式可调悬架的代表车型为宝马7系。

3. 液压式助力转向系统

所谓助力转向，是指借助外力，使驾驶者用更少的力就能完成转向。助力转向系统起初应用于一些大型车上，使驾驶员不用那么费力就能够轻松地完成车辆转向。现在助力转向系统已经广泛应用于各种车型上，使得驾驶更加轻松、敏捷，一定程度上提高了驾驶安全性。助力转向按动力的来源可分为机械式液压助力和电子液压助力两种。

机械式液压助力转向系统（图2-84）是通过液压泵提供油压推动活塞，进而产生辅助力推动转向拉杆，辅助车轮转向。在方向盘没有转动时，转向机上的机械阀体（可随转向柱转动）保持原位，活塞两侧的油压相同，处于平衡状态。当方向盘转动时，转向控制阀就会相应地打开或关闭，一侧油液不经过液压缸而直接回流至储油罐，另一侧油液继续注入液压缸内，这样活塞两侧就会产生压差而被推动，进而产生辅助力推动转向拉杆，让车轮转向，使转动方向盘所需的力度大大减小。

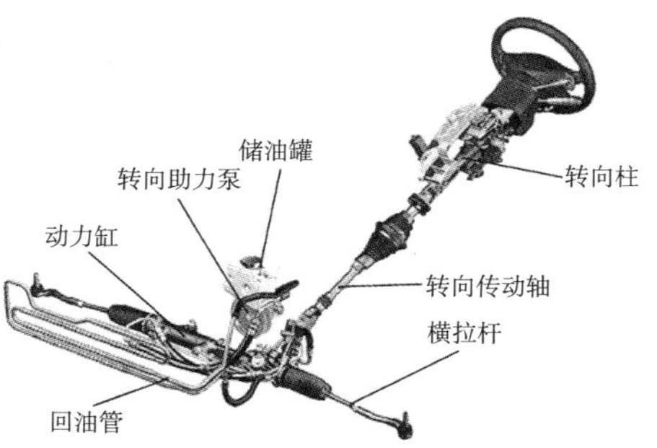

图2-84 机械式液压助力转向系统

机械式液压助力转向系统由液压泵、管路和油缸组成，为保持压力，无论车是否转向，这套系统都要工作，而且在大转向车速较低时，需要液压泵输出更大的功率以获得比较大的助力，所以会增加车辆的油耗。现在一般价格较便宜的车型都使用机械液压式助力转向系统。

电子液压转向助力系统（图2-85）的结构原理与机械液压助力大体相同，最大的区别在于提供油压油泵的驱动方式不同。机械式液压助力的液压泵直接是通过发动机皮带驱动的，而电子液压助力采用的是由电力驱动的电子泵。电子液压助力的电子泵，不用消耗发动机本身的动力，并且电子泵由电子系统控制，不需要转向时，电子泵关闭，进一步减少能耗。

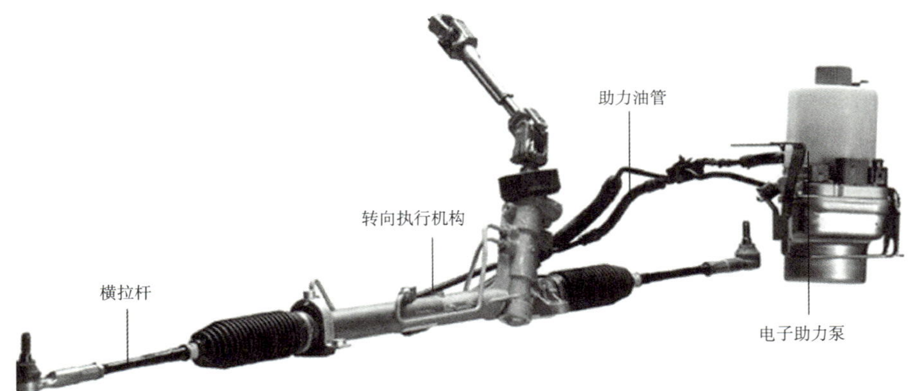

图2-85 电子液压转向助力系统

任务检测

1. 认识液压传动。

请在图2-86中指出数字代表的液压元件。

2. 认识液压传动的工作原理。

请根据图2-87说出液压千斤顶是如何工作的。

3. 认识汽车制动系统。

请根据图2-88说出液压制动的制动原理。

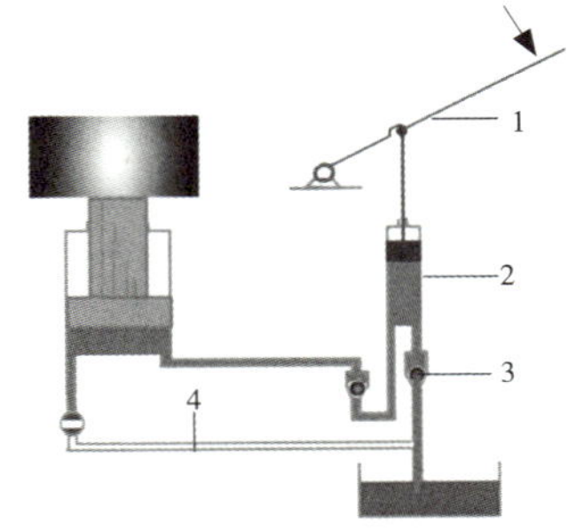

图2-86 液压传动的组成

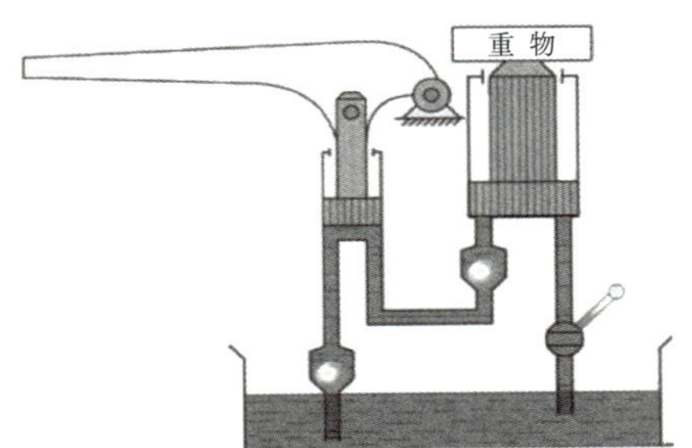

图2-87 液压千斤顶的工作原理

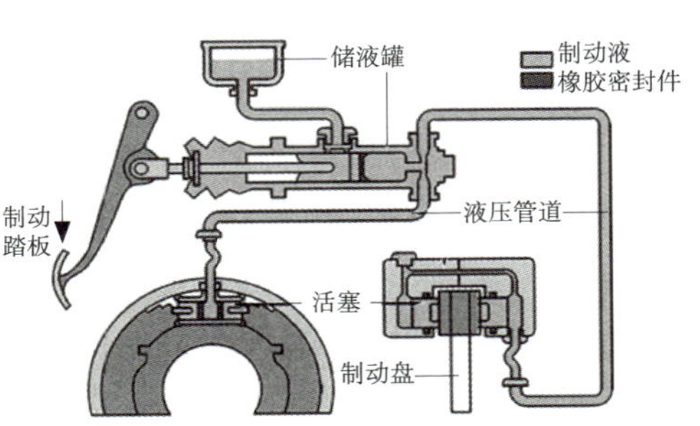

图2-88 液压制动的工作原理

任务拓展

1. 真空助力器

仅靠人体施加的力度依然不足以产生足够制动力，因此需要真空助力器的协助。真空助力器和制动总泵是串联在一起的，如图2-89所示。通常它的外形是一个巨大的黑色类似圆柱或圆锥形容器，其内部也是一个活塞机构，里面有一个膜片把助力泵分成两个腔室，一边链接发动机进气管，另一边则与外界大气相通。由于发动机在工作时需要吸气，就会在助力泵的一侧产生真空，这样就使膜瓣两侧产生巨大压力差，和驾驶员施加的压力一同压向制动总泵从而产生巨大制动力。

2. ABS

ABS中文译为“防抱死制动系统”，它是一种具有防滑、防锁死等优点的汽车安全控制系统，如图2-90所示。

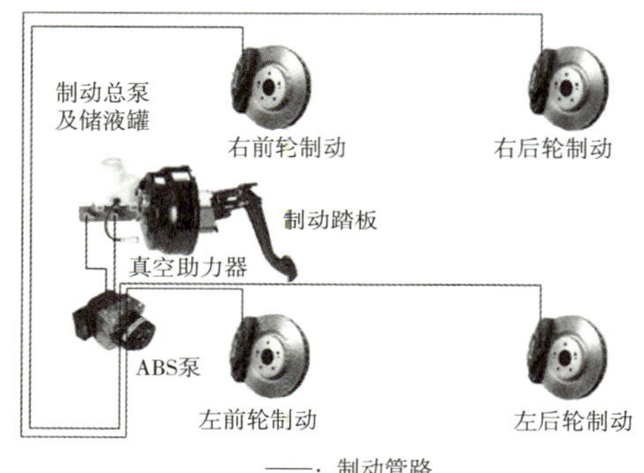

图2-89　液压制动系统真空助力器的位置

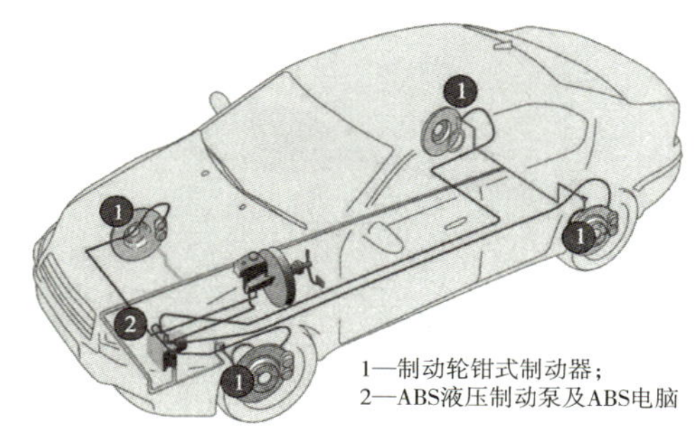

图2-90　ABS调控制动管线图

在紧急制动的时候，如果4个轮子全部被刹车系统锁死，那么车轮就会由滚动变成滑动，这时候车辆很容易发生侧滑或跑偏。而ABS系统则不会将轮子完全锁死，而是会以每秒几千次的频率对车辆进行“点刹”，这样就能够有效地防治车轮锁死，使汽车在制动状态下仍能转向，保证汽车制动方向的稳定性，防止产生侧滑或跑偏，如图2-91所示。现在，ABS系统已经成为汽车的标准配置，不过ABS系统在车速低于20 km/h时不起作用。

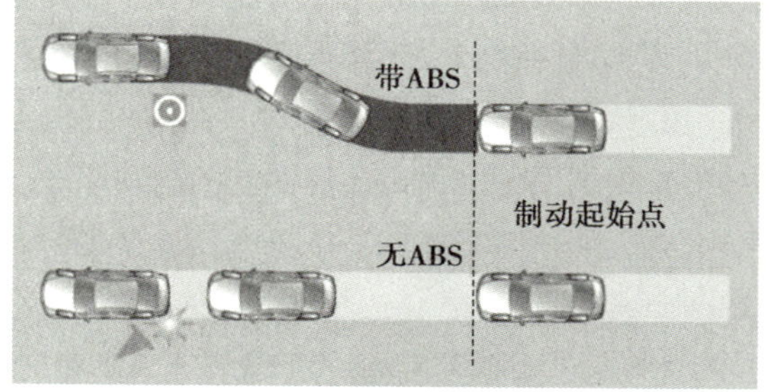

图2-91　ABS的应用

评价与反思

评价表

序号	考核项目	考核内容	配分/分	评分标准	得分
1	认识液压传动	① 液压传动的组成 ② 液压传动的特点	40	① 能描述液压传动的工作原理得10分 ② 能描述液压传动的特点得20分 ③ 能说出液压传动的组成得10分	
2	液压传动的应用	① 液压传动在汽车上的应用	60	① 能描述液压制动系统的工作原理得30分 ② 能描述液压式可调悬架的工作原理得15分 ③ 能描述液压助力转向系统的工作原理得15分	
总　分			100	合　计	

反思

1.液压传动系统在汽车上的应用主要有制动系统、转向系统和悬架系统等方面。思考：维修工具有哪些使用了液压传动原理?

2.液压传动的工作原理是什么?思考：盘式制动器和鼓式制动器的制动是如何实现的?

任务七　认识气压传动

任务描述

气压传动是以压缩机为动力源，压缩空气作为工作介质，来进行能量传递和控制的一种传动形式。气压传动是实现生产自动化的重要手段之一。

本任务主要讲述气压传动的组成、类型和在汽车上的应用。

关键点：气压传动的类型及应用。

任务目标

完成本任务的学习后，你应：

★ 能描述气压传动的组成和工作原理；

★ 能描述气压传动的特点；

★ 能描述气压传动在汽车上的应用。

任务实施

一、气压传动的组成和工作原理

1. 气压传动的工作原理

气压传动的工作原理是利用空气压缩机（图2–92）把电动机或其他原动机输出的机械能转换为空气的压力能，然后在控制元件的作用下，通过执行元件把压力能转换为直线运动或回转运动形式的机械能，从而完成各种动作，并对外做功。

2. 气压传动的组成

气压传动由以下几部分组成（图2–93）：

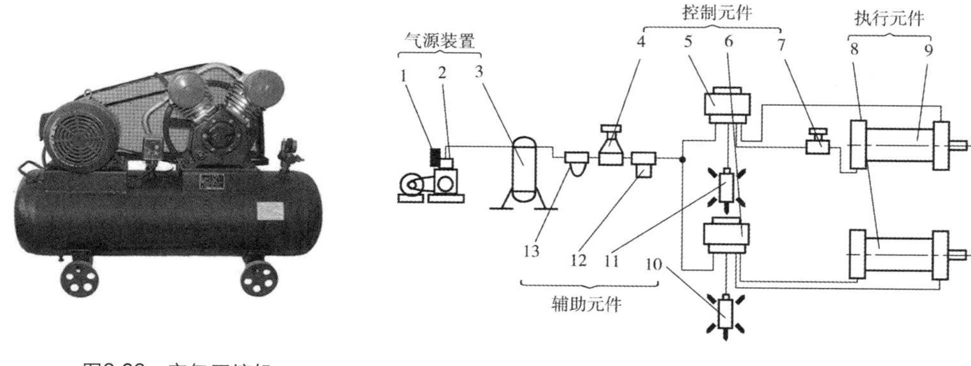

图2-92　空气压缩机

图2-93　气压传动的组成

• 气源装置：是获得压缩空气的装置。其主体部分是空气压缩机2，它将原动机1供给的机械能转变为气体的压力能。

• 控制元件：是用来控制压缩空气的压力、流量和流动方向的，以便使执行机构完成预定的工作循环，它包括减压阀4，换向阀5，6，流量控制阀7。

• 执行元件：是将气体的压力能转换成机械能的一种能量转换装置，它包括实现直线往复运动的气缸8，9。

• 辅助元件：是保证压缩空气的净化、元件的润滑、元件间的连接及消声等所必须的，它包括消声器10，11，油雾器12，过滤器13。

• 工作介质：气压传动系统中所用的工作介质是空气。

二、气压传动的特点

气动技术在国外发展很快，国内也被广泛应用于气动机械手、组合机床、加工中心、生产自动线、自动检测和实验装置等方面，这主要是因为气压传动有以下优点：

① 用空气做介质，节约能源，不污染环境。

② 空气黏度小，管路流动能量损耗小，适合集中供气远距离输送。

③ 安全可靠，不需要防火防爆问题，能在高温、辐射、潮湿、灰尘等环境中工作。

④ 气压传动反应迅速。

⑤ 气压传动装置结构简单，成本低，维护方便，过载能自动保护。

气压传动的缺点：

① 空气可压缩性大，因此，气动系统动作稳定性差，负载变化时对工作速度的影响大。

② 气动系统压力低，不易做大输出力度和力矩。

③ 气控信号传递速度慢于电子及光速，不适应高速复杂传递系统。

④ 排气噪声大，尤其是在超音速排气时要加消声器。

三、气压传动在汽车上的应用

气压传动主要是用在汽车底盘制动系统中，目前大部分大型货车、大型客车都采用气压制动系统。

1. 气压制动系统的优点

气压制动系统以压缩空气为制动动力源，制动踏板控制压缩空气进入车轮制动器，所以气压制动最大的优势是操纵轻便，车轮制动器制动力矩大。气压制动的另一个优势是对长轴距、多轴和拖带半挂车等实现异步分配制动有独特的优越性。

2. 气压制动系统的缺点

相对于液压制动系统，气压制动系统的结构复杂，组成部件较多，管路复杂，并且制动效果不如液压制动系统柔和，舒适性差，所以一般只用于中重型汽车上。

3. 气压制动系统的工作原理

发动机驱动空气压缩机工作产生压缩空气，并将压缩空气的压力转变为机械推力，来使车轮制动。驾驶员只需要按照不同的制动强度要求，控制制动踏板的行程大小，释放出不同数量的压缩空气，便可以调整气体压力大小来获得汽车所需要的制动力。

4. 气压制动系统的基本组成

气压制动系统由空气压缩机、储气筒、制动控制阀和车轮制动气室组成，如图2-94所示。

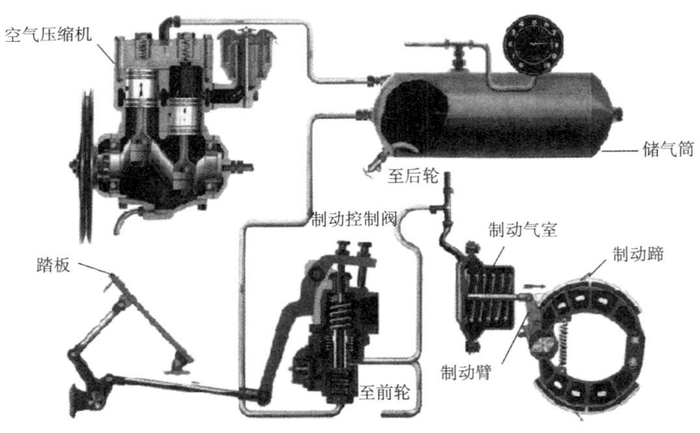

图2-94　汽车气压制动原理

- 空气压缩机：由发动机通过皮带驱动，产生压缩空气，向储气筒充气。
- 储气筒：储存由空气压缩机产生的高压空气，在汽车制动时提供足够的高压空气。
- 制动控制阀：控制进入制动气室的气压，从而控制制动强度。
- 制动气室：安装在车轮制动器旁边，当压缩空气进入制动气室时，推动制动气室里的膜片移动，推动推杆和制动凸轮，从而控制车轮制动器实现制动。

任务检测

1. 认识气压传动。

气压传动的工作原理是利用________把电动机或其他原动机输出的机械能转换为空气的________能，然后在控制元件的作用下，通过________元件把________能转换为直线运动或回转运动形式的机械能，从而完成各种动作，并对外做功。

2. 认识气压传动的优缺点。

说出气压传动的优缺点。

3. 认识气压制动系统。

请根据图2-95所示，描述气压制动的过程。

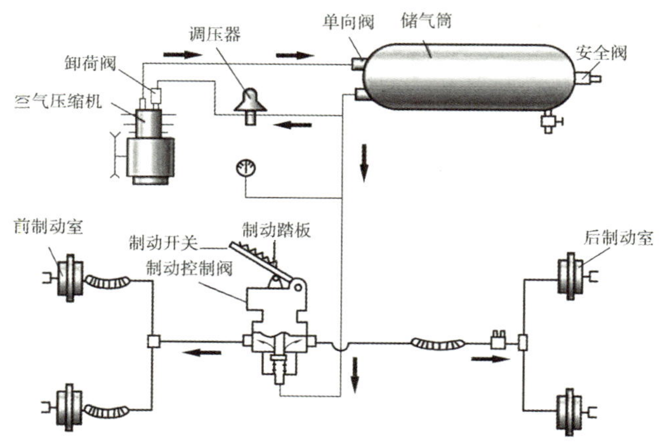

图2-95 汽车气压制动系统

任务拓展

空气式可调悬架

空气式可调悬架就是指利用空气压缩机形成压缩空气，并通过压缩空气来调节汽车底盘的离地间隙的一种悬架方式。

一般装备空气式可调悬架的车型在前轮和后轮的附近都设有离地距离传感器，按离地距离传感器的输出信号，行车电脑判断出车身高度的变化，再控制空气压缩机和排气阀门，使弹簧自动压缩或伸长，从而起到减震的效果。空气式可调悬架中的空气弹簧的软硬能根据需要自动调节。当在高速行驶时，空气悬架可以自动变硬来提高车身的稳定性，而长时间在低速不平的路面行驶时，行车电脑则会使悬架变软来提高车辆的舒适性。空气式可调悬架的代表车型有：奥迪A8、奔驰S350 、保时捷卡宴等，如图2-96所示。

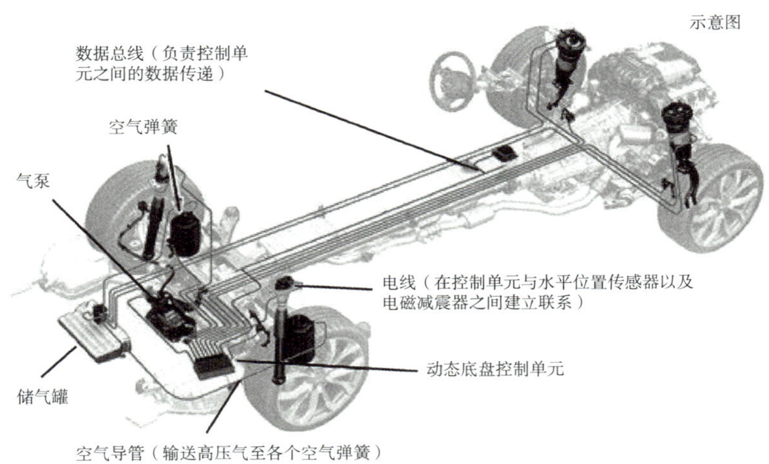

图2-96 空气式可调悬架

评价与反思

评价表

序号	考核项目	考核内容	配分/分	评分标准	得分
1	认识气压传动	①气压传动的原理 ②气压传动的组成 ③气压传动的特点	50	①能描述气压传动的原理得10分 ②能描述气压传动的组成得20分 ③能描述气压传动的特点得20分	
2	气压传动的应用	气压传动在汽车上的应用	50	①能描述气压传动在汽车上的应用得20分 ②能描述气压制动系统的工作原理得30分	
总 分			100	合 计	

反思

1. 气压制动系统中车轮制动器大部分使用盘式制动器还是鼓式制动器？为什么？
2. 观察图2–97并思考液压传动和气压传动的异同。

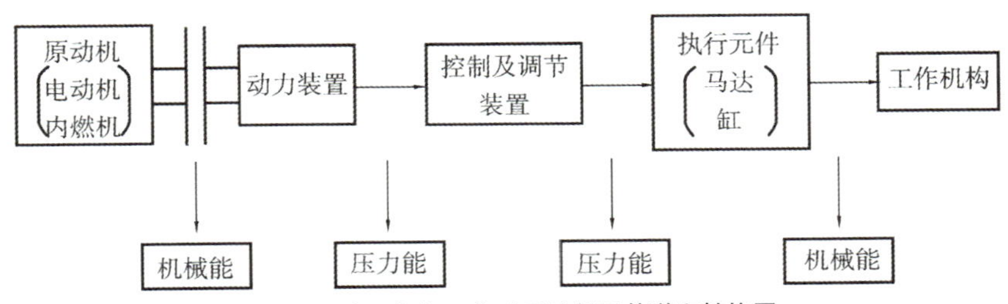

图2-97 液压与气压传动系统能量传递和转换图

练习

一、填空题

1. 为了使带产生并保持一定________，带传动应设置________装置。

2. 带传动的缺点是传动装置外部尺寸______、传动比______、效率低，带的寿命较短。

3. 带传动在工作时由于______使带在带轮上产生弹性滑动，这种弹性滑动______避免。

4. 带传动中，打滑是指______，多发生在______轮上。

5. 带传动运转时应使带的______边在上，______边在下，目的是______。

6. 带传动的主要失效形式是______和______。

7. 安装V带时，带张紧程度以大拇指能按下______为宜。

8. 当普通V带传动中心距不能调整时，可采用______定期将传动带张紧。

9. 螺旋传动常将主动件的匀速旋转运动转换成从动件的______运动。

10. 链传动按其用途的不同，可以将链分为______、______和起重链3种。

11. 配气机构凸轮轴和曲轴的正时可以通过______、______和正时链条来进行。

12. 在材料、热处理及几何参数均相同的直齿圆柱、斜齿圆柱和直齿圆锥3种齿轮传动中，承载能力最高的是______传动。

13. 由一系列相互啮合齿轮组成的传动系统称为______。

14. 齿轮失效形式有______、______、______、______及塑性变形。

15. 在轮系中，加奇数个惰轮只改变______，不改变______。

16. 润滑良好的闭式齿轮传动常见的失效形式是______。

17. 对齿轮材料的基本要求是：齿面________，齿芯________，以抵抗各种齿面失效和齿根折断。

18. 常见的汽车转向器有______、______和蜗杆曲柄指销式转向器。

19. 变速器中的常啮合齿轮均采用______齿轮。

20. 液压传动装置的基本组件主要是由________元件、________元件、________元件、________元件4部分和工作介质组成。

二、选择题

1. 能作变速滑移齿轮的是（　　）。

A. 斜齿圆柱齿轮　B. 圆锥齿轮　C. 曲齿锥齿轮　D. 直齿圆柱齿轮

2.链传动是借助链和链轮间的（　　）来传递动力和运动的。

A. 摩擦　B. 黏接　C. 啮合　D.直接联接

3. 为避免使用过渡链节，设计链传动时应使链条长度为（　　）。

A. 链节数为偶数　B. 链节数为小链轮齿数的整数倍

C. 链节数为奇数　D. 链节数为大链轮齿数的整数倍

4. 链传动中，当要求传动速度高和噪声小时，宜选用（　　）。

A.套筒滚子链　B.套筒链　C.齿形链　D.起重链

5. 滚珠螺旋传动（　　）。

A. 结构简单，制造要求不高　　B. 传动效率低

C. 间隙大，传动不够平稳　　D. 目前主要用于精密传动的场合

6. 带传动是依靠（　　）来传递运动和功率的。

A. 带与带轮接触面之间的正压力　　B. 带与带轮接触面之间的摩擦力

C. 带的紧边拉力　　D. 带的松边拉力

7. 带张紧的目的是（　　）。

A. 减轻带的弹性滑动　　B. 提高带的寿命

C. 改变带的运动方向　　D. 使带具有一定的初拉力

8. 与链传动相比较，带传动的优点是（　　）。

A. 工作平隐，基本无噪声　　B. 承载能力大

C. 传动效率高　　D. 使用寿命长

9. 带传动的中心距过大时，会导致（　　）。

A. 带的寿命缩短　　B. 带的弹性滑动加剧

C. 带的工作噪声增大　　D. 带在工作时出现颤动

10. 带传动产生弹性滑动的原因是（　　）。

A. 带与带轮间的摩擦系数较小　　B. 带绕过带轮产生了离心力

C. 带的紧边和松边存在拉力差　　D. 带传递的中心距大

11. 带传动的优点是（　　）。

A. 结构紧凑，但制造成本高

B. 结构简单，传动比准确，中心距便于调整

C. 结构简单，制造成本低廉，传动平稳

D. 吸振，适用于中心距较小的传动

12. 与齿轮传动相比，带传动的主要优点是（　　）。

A.工作平稳，无噪声　　B.传动的重量轻

C.摩擦损失小，效率高　　D.寿命较长

13. 一般开式齿轮传动的主要失效形式是（　　）。

A. 齿面胶合　　B. 齿面疲劳点蚀

C. 齿面磨损或轮齿疲劳折断　　D. 轮齿塑性变形

14. 在载荷较大的带传动中，若希望价格便宜些，则应优先选用（　　）。

A. 圆带　　B. 多楔带　　C. V带　　D. 平带

15. 在一般机械传动中，若需要采用带传动时，应优先选用（　　）。

A. 圆形带传动　　B. 同步带传动　　C. V形带传动　　D. 平形带传动

16. 带传动不能保证准确的传动比，其原因是（　　）。

A. 带容易变形和磨损　　B. 带在带轮上出现打滑

C. 带传动工作时发生弹性滑动　　D. 带的弹性变形不符合虎克定律

17. 蜗杆传动装置的优点之一是（　　）。

A. 传动效率高　　B. 良好的自锁性

C. 较小的传动比　　D. 啮合轮齿间有较大的相对滑动，易发热

18. 蜗杆传动装置主要用于传递（　　）之间的运动和动力。

A. 两空间交错轴　　B. 两空间平行轴

C. 两同一轴　　D. 两相交轴

三、判断题

（　）1. 差动螺旋传动可以产生极小的位移，能够方便实现微量调节。

（　）2. 气压传动是以压缩机为动力源，压缩空气作为工作介质，来进行能量传递和控制的一种传动形式。

（　）3. 当中心距不能调节时，可采用张紧轮将带张紧，张紧轮一般应放在松边的内侧，尽量靠近小带轮。

（　）4. 更换V带时，应将一组V带同时更换，不得新旧混用。

（　）5. 带传动具有过载保护作用，可避免其他零件的损坏。

（　）6. 与齿轮传动相比较，传动效率高是蜗杆传动的优点。

（　）7. 蜗杆传动中，“自锁”为：只能蜗杆驱动蜗轮，而不能逆传动。

（　）8. 液压传动装置实际上是一种能量转换装置。

（　）9. 链传动可在高速、重载、高温条件及尘土飞扬的不良环境中工作。

（　）10. 常用螺纹是左旋螺纹。

（　）11. 行星轮系又称为周转轮系。

（　）12. 定轴轮系和行星轮系中各个齿轮都绕固定的轴线回转。

四、简答题

1. 带传动有哪几种类型？各有什么特点？适用于什么场合？
2. 同步齿形带传动主要用于哪些地方？
3. 汽车上链传动一般常见润滑是哪种方式？
4. 安装V带时除应按规定的初拉力张紧还有什么要求？
5. 汽车上常用齿轮传动有几种形式？
6. 如果轮系中既包含定轴轮系，又包含周转轮系称为什么轮系？
7. 液压千斤顶为什么能顶起重物？
8. 带传动装置的张紧装置有哪几种类型？如何调整张紧度？
9. 常见螺纹传动有哪些种类？

项目三 机械联接

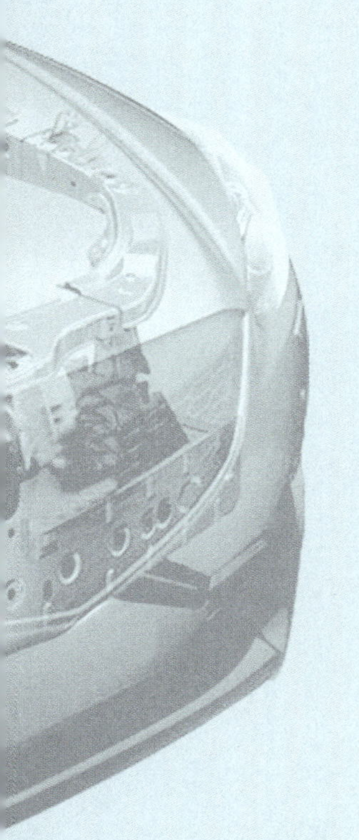

汽车由许多零部件组成，这些零部件需要通过联接来实现汽车的功能，因而联接是构成汽车的重要环节。汽车上使用了多种联接方式，键联接、螺纹联接在汽车上随处可见。联轴器、离合器、制动器的应用，使汽车的操作更简便，功能更强大。

任务一 认识螺纹联接

任务描述

利用螺纹零件将两个或两个以上的零件相对固定起来的联接称为螺纹联接。常用的螺纹联接件有螺栓、螺柱、螺钉和紧定螺钉等，多为标准件。本任务主要讲述螺纹联接的类型和在汽车上的应用。

关键点：螺纹联接的类型及应用。

任务目标

完成本任务的学习后，你应：

★ 能描述螺纹联接的类型和应用；

★ 能描述不同的螺纹联接在汽车上的作用。

★ 培养以奋发图强、爱国主义为核心的民族精神。

★ 养成认真负责的工作态度，增强责任担当。

★ 具有自主探究和创新精神。

任务实施

一、螺纹联接的特点

螺纹联接的主要特点有：

① 螺纹拧紧时能产生很大的轴向力。

② 它能方便地实现自锁。

③ 外形尺寸小。

④ 制造简单，能保持较高的精度。

二、螺纹的类型

普通螺纹又有粗牙和细牙两种。公称直径相同时，细牙螺纹的螺距小，升角小，自锁性好，螺杆强度较高，适用于受冲击、振动和变载荷的联接以及薄壁零件的联接。细牙螺纹比粗牙螺纹的耐磨性差，不宜经常拆卸，故生产实践中广泛使用粗牙螺纹。

单线螺纹

双线螺纹

图3-1 按螺纹线数分类

1.按螺纹线数分

按螺线数的不同，可分为单线螺纹和多线螺纹，如图3-1所示。单线螺纹主要用于联接，多线螺纹主要用于传动。

2.按螺纹螺旋线绕行方向分

按螺旋线绕行方向的不同，有右旋螺纹和左旋螺纹之分，如图3-2所示。通常采用右旋螺纹，左旋螺纹仅用于有特殊要求的场合。

3.按螺纹形成位置分

按螺纹形成位置的不同，可分为外螺纹和内螺纹。在圆柱体外表面上形成的螺纹，称为外螺纹；在圆孔的表面上形成的螺纹，称为内螺纹。

三、螺纹的主要参数

螺纹的主要参数如图3-3所示。

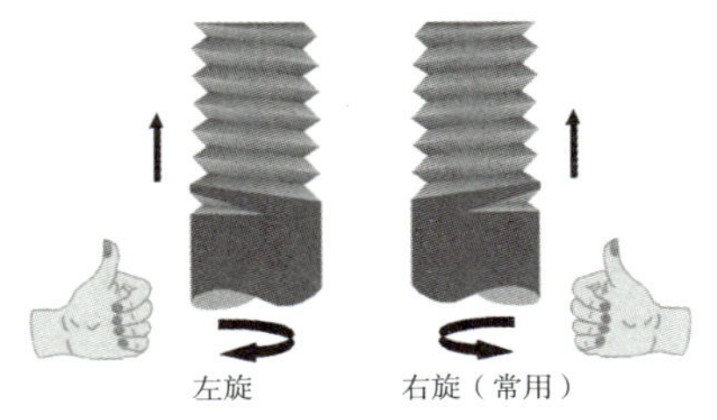

图3-2　螺纹旋向的辨别

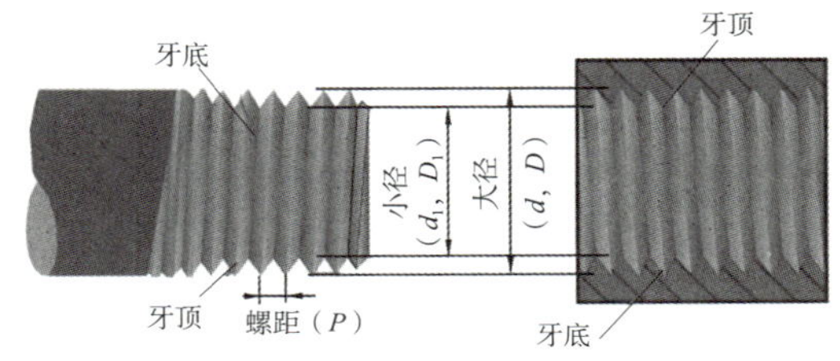

图3-3　螺纹主要参数

- 大径（d、D）：螺纹的最大直径。对外螺纹是牙顶圆柱直径（d），对内螺纹是牙底圆柱直径（D）。标准规定大径为螺纹的公称直径。
- 小径（d_1、D_1）：螺纹的最小直径。对外螺纹是牙底圆柱直径（d_1），对内螺纹是牙顶圆柱直径（D_1）。
- 中径（d_2、D_2）：处于大径和小径之间的一个假想圆柱直径，该圆柱的母线位于牙型上凸起（牙）和沟槽（牙间）宽度相等处。此假想圆柱称为中径圆柱。
- 螺距（P）：在中径线上，相邻两牙在中径线上对应两点间的轴向距离。

励志事例

中国螺纹标准化的发展是艰难的，从艰苦创建到承担国际螺纹技术委员会秘书处工作，中国螺纹标准化技术水平已处于世界领先。取得如今的佳绩，是通过国家的支持和广大技术人员的不懈努力，一步步在各个方面赶上并超过国际水平。同学们应该怀有爱国主义和奋发图强为核心的民族精神，努力学习专业知识，并运用所学知识和技能解决生产实践中的问题，成为新时代国家建设不可或缺的“螺丝钉”。

四、螺纹联接件

螺纹联接件（图3-4）有螺栓、双头螺柱、螺钉、紧定螺钉、螺母、垫圈等，它们多为标准件，其结构、尺寸在国家标准中都有规定。它们的公称尺寸均为螺纹大径，设计时应根据标准选用。

螺栓的一部分为制有螺纹的螺杆，另一部分为螺栓头。螺栓头部形状很多，如六角头、方头、圆柱头和T形头等，应用最多的是六角头。

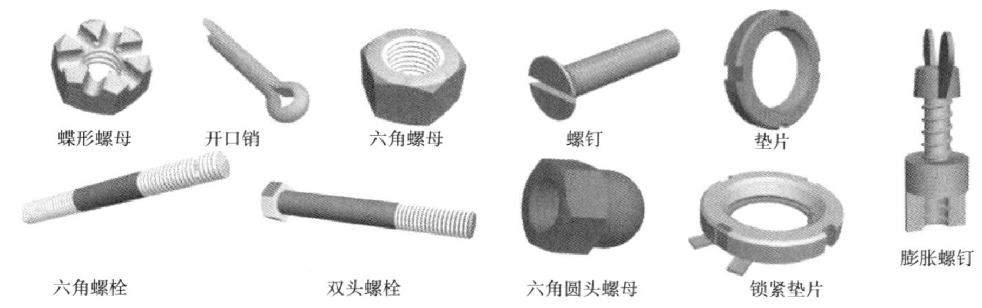

图3-4　螺纹联接件

五、螺纹联接的基本类型

螺纹联接的基本类型有螺栓联接、双头螺柱联接、螺钉联接、紧定螺钉联接，见表3-1。

表3-1　螺纹联接的基本类型

螺纹联接	图　例	特　点	应　用
螺栓联接		被联接件上开有通孔，结构简单，装拆方便，应用广泛	用于联接两个较薄零件，并能从被联接件两边进行装配的场合
双头螺柱联接		厚零件上加工出螺纹孔，薄零件上加工通孔。在拆卸时，只需旋下螺母而不必拆下双头螺栓，可避免大型被联接件上的螺纹孔损坏	用于被联接件之一太厚，不能采用螺栓联接或希望联接结构较紧凑，且需经常装拆的场合
螺钉联接		螺栓（或螺钉）直接拧入被联接件的螺纹孔中，不用螺母。结构比双头螺栓简单，紧凑	用于两个被联接件中一个较厚，但不需经常拆卸，以免螺纹孔损坏
紧定螺钉联接		将紧定螺钉旋入被联接件之一的螺纹孔中，并以其末端顶住另一被联接件的表面或顶入相应的凹坑中，以固定两个零件的相互位置	多用于轴与轴上零件的联接，并可传递不大的载荷

六、螺纹联接在汽车上的应用

汽车是由各种不同的零件、部件和总成，经螺纹联接件或采用铆接、焊接、黏接等方法联接而成。螺纹联接件由于具有拆装方便、形式多样、运用灵活等优点而在汽车上得到广泛应用，如轮胎、发动机、变速器、传动轴、制动器、离合器等需要联接的地方都使用了螺纹联接。一辆普通的汽车上有上千个螺纹联接件，一些高档汽车，由于配置更加多样化，甚至有几千个螺纹联接件。

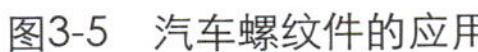

图3-5　汽车螺纹件的应用

图3-6　汽车螺纹联接的预紧

七、螺纹联接的预紧

在生产实践中，大多数螺栓装配时一般都需要拧紧螺母，即预紧。对于普通场合使用的螺纹，为保证所需的预紧力，同时又不使螺纹件过载，通常由工人用普通扳手凭经验决定。对于重要场合，如发动机缸盖等紧密性要求高的螺纹，可利用指针式扭力扳手来控制预紧力的大小，如图3-6所示。

> **小故事**
>
> 2019 年 2 月 21 日，浦东杨高南路上发生一起事故：一辆 795 路公交车的一个轮胎在行驶过程中突然飞出，砸中一名幼童，导致其不幸身亡。经查，该事故车刚做过保养，系修理工陈某未按规定对螺栓进行预紧，是导致该事故发生的原因。陈某被上海市浦东新区人民法院判处有期徒刑一年六个月，缓刑一年六个月。
>
> 以上案例是由于螺栓松动所引起，在紧固螺栓时，应将每一颗螺栓拧到规定的力矩，作为技术人员，应举一反三，养成认真负责且有责任担当的工作态度。

八、螺纹联接的防松

防松的方法很多，按其工作原理，可分为摩擦防松、机械防松和破坏螺纹副3类。

- 摩擦防松：主要包括弹簧垫圈防松、对顶螺母防松、尼龙圈锁紧螺母防松等，如图3-7所示。
- 机械防松：主要包括六角开槽螺母和开口销防松、圆螺母和止动垫圈防松等，如图3-8所示。

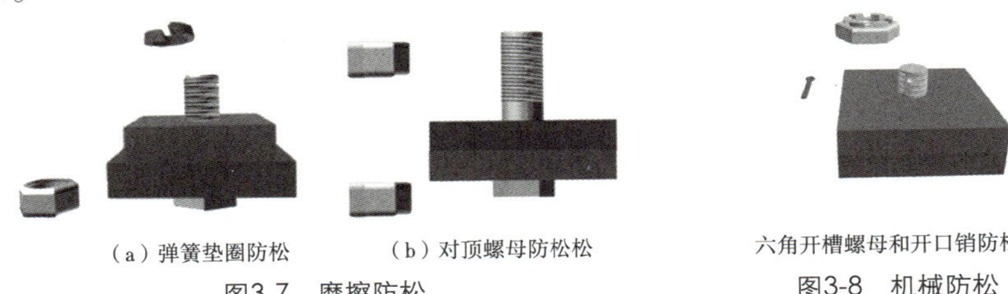

（a）弹簧垫圈防松　（b）对顶螺母防松

图3-7　摩擦防松

六角开槽螺母和开口销防松

图3-8　机械防松

- 其他防松：主要包括冲点法防松、黏合剂防松等，如图3-9所示。

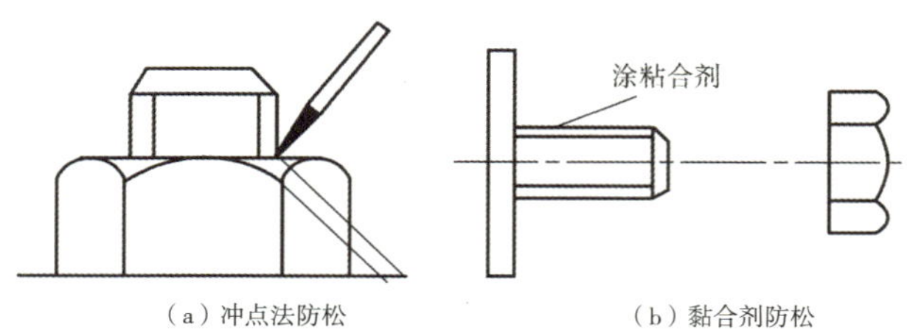

图3-9　其他防松

任务检测

1.认识螺纹联接件。

观察图3-10，说出图中螺纹联接件的类型。

图3-10　螺纹联接件

2.认识螺纹联接。

观察图3-11，指出图中螺纹联接的类型。

3.认识工具。

请仔细观察图3-12，说说这些工具你都认识吗？它们应该怎样使用？

4.查找螺纹联接件。

请仔细观察图3-13、图3-14，说出它们用了哪些螺纹联接件？

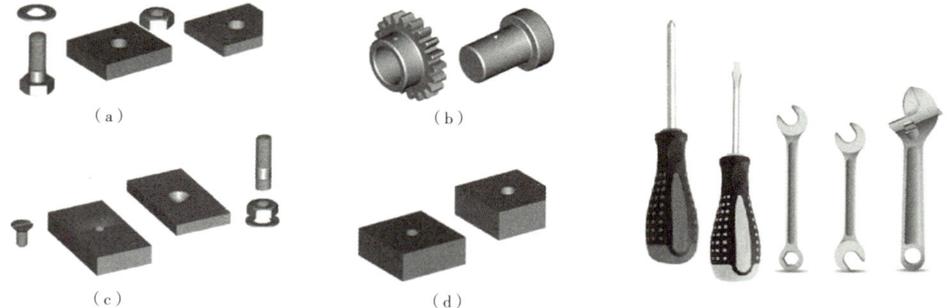

图3-11　螺纹联接

图3-12　螺纹拆卸工具

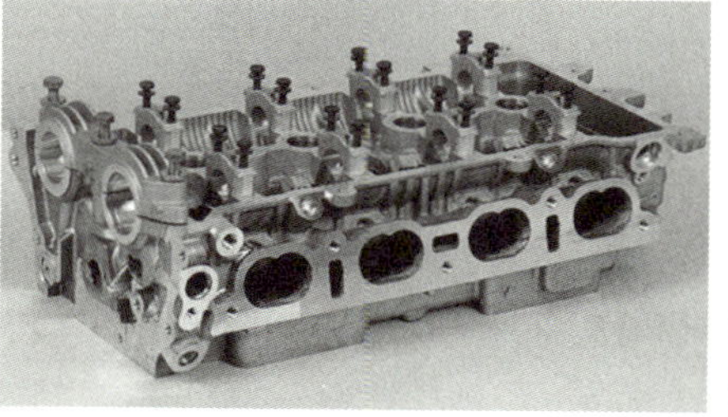

图3-13　发动机缸盖

图3-14　自动变速器

任务拓展

视频汽车尾灯的拆装

1.螺纹联接的拆装工具

拆装螺纹使用的工具有手动和机动两类。拆装工具的选用，应根据螺母、螺栓的尺寸，拧紧力矩及所在部位的回转空间等具体条件来选择。一般情况下，为避免损坏螺栓、螺母的棱角，缩短作业时间，减轻劳动强度，使用工具时原则上应注意：能用固定扳手的则不用活动扳手，能用梅花扳手的则不用固定扳手，能用套筒扳手的则不用固定扳手。

2.汽车螺纹件拆装要领及注意事项

①用扳手拆装螺栓（母）时，扳手的开口尺寸必须适合螺栓头部或螺母的六方尺寸。

②在向螺栓拧紧螺母或向螺孔内拧螺栓（钉）时，一般先用手旋进一定距离，这样既可感觉螺纹配合是否合适，又可提高工作效率。

③在螺纹件中，垫圈的作用非常重要，既可以保护被联接件的支撑表面，还能防松，绝不能随意弃之不用，应根据原车要求，安装到位。

④在发动机缸体上有许多不通的螺纹孔（盲孔），在旋入螺栓前必须清除孔中的铁屑、水、油等杂物，否则螺栓不能拧紧到位。如加力拧进，有可能造成螺栓断裂及缸体开裂等后果。

⑤锈死螺栓的拆卸：

a.将螺栓拧紧1/4圈左右再退回，反复松动，逐渐拧出。

b.用锤子振击螺母，借以振碎锈层，以便拧出。

c.在煤油中浸泡20 ~ 30 min，使煤油渗到锈层中去，使锈层变松，以便拧出。

评价与反思

评价表

序　号	考核项目	考核内容	配分/分	评分标准	得　分
1	认识螺纹联接	① 螺纹联接的特点 ② 螺纹的类型和参数 ③ 螺纹联接件 ④ 螺纹联接的类型	50	① 能描述螺纹的特点得10分 ② 能描述螺纹的类型和参数得10分 ③ 能识别螺纹联接件得20分 ④ 能识别螺纹联接的类型得10分	
2	螺纹联接的应用	① 螺纹联接的预紧和防松 ② 螺纹联接在汽车上的应用	50	① 能识别螺纹联接的拆装工具得15分 ② 能描述螺纹联接的防松方法得15分 ③ 能描述螺纹联接在汽车上的应用得20分	
总　分			100	合　计	

反思

1.为什么大多数螺纹联接都要采取预紧措施？如何控制预紧力？

2.防止螺纹联接发生松动的方法有哪些？

任务二　认识键联接

任务描述

键是一种标准件，主要用于轴与轴上零件之间的周向固定，用以传递转矩。本任务主要讲述键的种类、特点及应用，通过对汽车常用键的分析，认识平键、半圆键、花键等常见零件。

关键点：键的分类、特点及应用。

任务目标

完成本任务的学习后，你应：

★ 能描述键联接的功用、类型和特点；

★ 能描述不同的键联接在汽车上的应用。

★ 结合榫卯设计，增强民族自豪感与文化认同感。

任务实施

在各种机器上有很多转动零件，如飞轮、带轮、凸轮等，这些零件和轴大多数采用键联接或花键联接。键联接的功用是联接转动零件与轴，以传递运动和动力。

一、键联接的类型

1.平键

平键联接如图3-15所示，工作时靠键与键槽侧面的挤压来传递扭矩。平键的两侧面是工作面，上表面与轮毂上的键槽底部之间留有间隙，键的上、下面为非工作面。

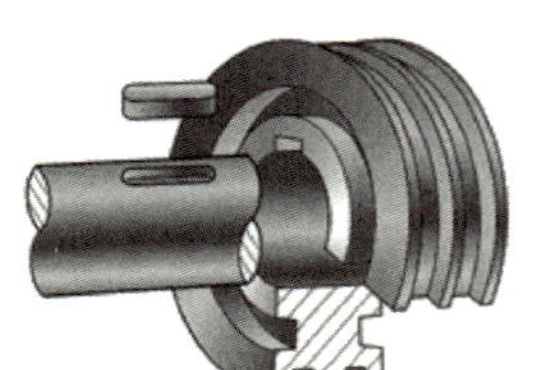

图3-15　平键联接

平键联接具有结构简单、工作可靠、装拆方便和对中心性好等特点，故应用最广；但它不能承受轴向力，对轴上零件不起轴向定位作用。

根据用途不同：平键可分为普通平键、导向平键和滑键3种。

• 普通平键：普通平键的上、下平面和两个侧面相互平行。普通平键应用最为广泛，按键的端部形状不同，又可分为 A 型（圆头）、B 型（方头）、C 型（单圆头）3种，如图3–16所示 。

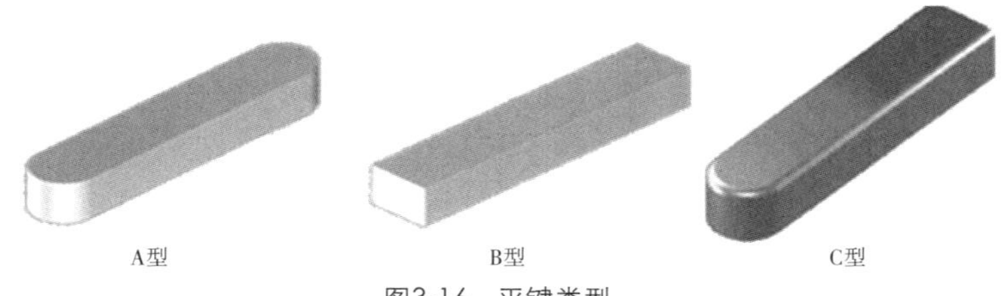

图3-16 平键类型

• 导向平键：导向平键是一种较长的平键，如图3–17所示。它用螺钉固定在轴上，键与轮毂槽采用间隙配合，采用导向平键时转动零件的轮毂可在轴上沿轴向滑动，适用于轴上零件的轴向移动量不大的场合，如变速箱中的滑移齿轮。

• 滑键：滑键是将键固定在轮毂上，随轮毂一起沿轴槽移动，如图3–18所示。它适用于轴上零件滑移距离较大的场合。当轴上零件的轴向移动量很大时，可采用滑键。

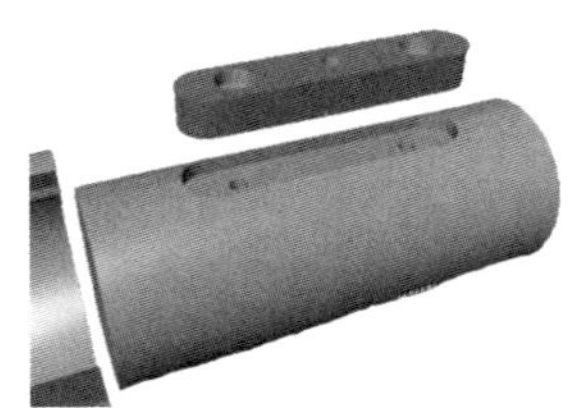
图3-17 导向平键

图3-18 滑键

2.半圆键

半圆键的上表面为平面，下表面为半圆形弧面，两侧面互相平行。半圆键联接也是靠两侧工作面传递转矩的。半圆键连接的工作原理与平键连接相同，它靠键的两个侧面传递转矩，如图3–19所示。

图3-19 半圆键

它的优点是：能自动适应轮毂槽底的倾斜，使键受力均匀不偏。但它对轴的削弱大，宜用于轴端传递转矩不大的场合。

3.花键

图3-20 花键

花键是机械传动的一种，和平键、半圆键作用一样，都是传递机械扭矩的，在轴的外表有纵向的键槽，套在轴上的旋转件也有对应的键槽，可保持跟轴同步旋转，如图3–20所示。由于花键轴多齿工作，承载能力高，对中性、导向性不错，而其齿根较浅的特点可以使其应力集中小，所以花键轴通常应用于飞机、汽车、拖拉机等机械传动装置。

二、键联接在汽车上的应用

1.平键在汽车上的应用

汽车皮带轮与轴的配合（图3–21），曲轴颈上通常会使用平键进行装配，如图3–22所示。

图3-21　皮带轮的平键联接

图3-22　曲轴颈端的平键应用

2.半圆键在汽车上的应用

汽车的中间轴上会使用半圆键进行装配，如图3-23所示。

3.花键在汽车上的应用

花键联接适用于定心精度要求高、载荷大的或经常要求滑动的联接，如汽车传动轴万向节叉（图3-24）、汽车半轴（图3-25）、变速器中同步器（图3-26）等部位的联接。

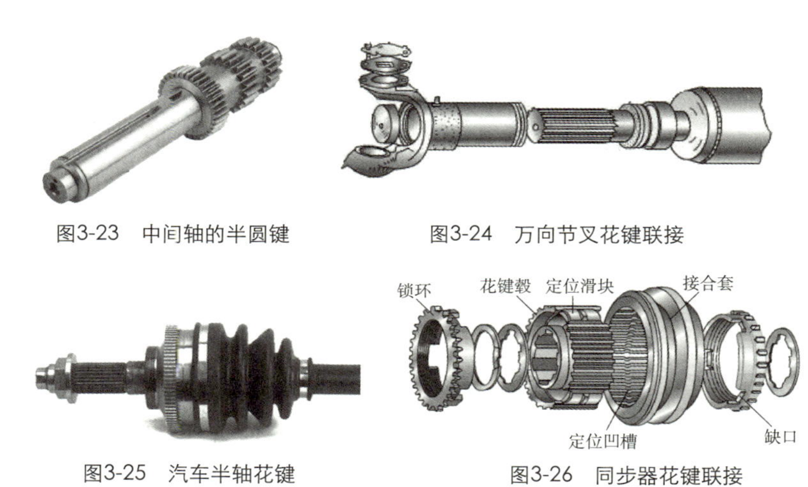

图3-23　中间轴的半圆键

图3-24　万向节叉花键联接

图3-25　汽车半轴花键

图3-26　同步器花键联接

小 提 示

我国古代木工们不仅有巧手，还有智慧的大脑。先人通过榫卯设计，将各段木头无缝连接，可以制作出复杂坚固的家具和建筑，而且结合非常完美。面对先人的榫卯设计，咱们在惊叹的时候也要有所继承和发扬，增加民族自豪感与文化认同感。

任务检测

1.认识键。

请仔细观察图3-27，说说这些键你认识吗？它们的工作面是哪里？

2.分析键联接的作用。

根据图3-28所示，列举键联接在汽车上的应用。

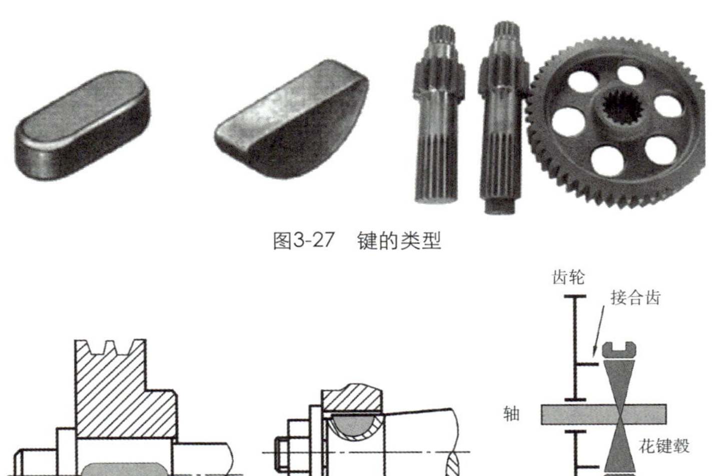

图3-27 键的类型

图3-28 键联接在汽车上的应用

任务拓展

1.楔键

楔键的上表面有1:100的斜度，两侧面相互平行。工作时依靠键的顶面和底面与轮毂键槽和轴槽的底面间所产生挤压力和摩擦力来传递动力和转矩。适用于对中性要求不高、转速较低的场合。楔键分普通楔键和钩头楔键两种，楔键的上下表面是工作面，如图3–29所示。

（a）普通楔键　（b）勾头楔键

图3-29 楔键

2. 键联接的分类

键用于联接轴和轴上零件，进行周向固定以传递转矩，如齿轮、带轮、联轴器与轴的联接。键联接可以分为松键联接、紧键联接和花键联接三大类。

• 松键联接：松键联接所用的键有普通平键，半圆键、导向平键及滑键等，靠键的侧面传递转矩，只对轴上零件作周向固定，不能承受轴向力，如果要轴向固定，则需要附加紧定螺钉或定位环等定位零件。

• 紧键联接：紧键联接主要指楔键联接，键的上、下表面都是工作面，上表面及与其相接触的轮毂槽底面。键侧与键槽有一定的间隙，装配时将键打入构成紧键联接，由过盈作用传递转矩，并能传递单向的轴向力，还可轴向固定零件。

• 花键联接：按花键工作方式可以分为过盈联接和间隙联接两种。过盈联接花键副的套件应在花键轴上轴向固定，故应保证配合后有少量的过盈量。装配时可用软锤轻轻打入，但不能过紧，以防止拉伤配合表面。间隙联接花键副的套件可以在花键轴上自由滑动，应保证精确的间隙配合。试装时用周向调换键齿的配合位置，各位置沿轴向移动时应无阻滞现象，但也不能过松，用手摆动套件时，不应感觉到有明显的周向间隙。装配后的花键副应检查花键轴与被联接零件的同轴度和垂直度。

评价与反思

评价表

序号	考核项目	考核内容	配分/分	评分标准	得分
1	认识键联接	①键联接的类型 ②键联接的特点	60	①能认识键联接的类型得30分 ②能描述键联接的特点得30分	
2	键联接的应用	键联接在汽车上的应用	40	能描述键联接在汽车上的应用得40分	
总　分			100	合　计	

反思

1.松键联接和紧键联接的工作原理有什么不同？为什么平键联接应用最广？

2.花键联接和平键联接相比，有哪些优缺点？

任务三　认识联轴器

任务描述

联轴器的功用是将轴与轴（或轴与旋转零件）连成一体，使其一同运转，并将一轴转矩传递给另一轴。联轴器在运转时，两轴不能分离，必须停车后，经过拆卸才能分离。本任务主要讲述联轴器的类型和在汽车上的应用。

关键点：联轴器的类型及应用。

任务目标

完成本任务的学习后，你应：

★ 能识别联轴器的类型；

★ 能描述联轴器在汽车上的应用。

★ 能独立思考，勇于探索，敢于创新。

任务实施

一、联轴器的类型

联轴器是用来联接不同机构中的两根轴（主动轴和从动轴），使之共同旋转以传递扭矩的机械零件。在高速重载的动力传动中，有的联轴器还有缓冲、减振和补偿两轴线相对位移量的作用。联轴器由两半部分组成，分别与主动轴和从动轴联接，如图3–30所示。一般动力机大都借助于联轴器与工作机相联接。

联轴器可分为刚性联轴器和挠性联轴器两大类。刚性联轴器不具有缓冲性和补偿两轴线相对位移的能力，要求两轴安装严格对中。常用的有凸缘联轴器和套筒联轴器。

挠性联轴器又可分为无弹性元件挠性联轴器和有弹性元件挠性联轴器，常见的有滑块联轴器、齿式联轴器、万向联轴器、弹性套柱销联轴器、弹性柱销联轴器、梅花形联轴器等。

1.刚性联轴器

• 凸缘联轴器：是刚性联轴器中应用最广泛的一种，由两个带凸缘的半联轴器用螺栓联接而成，如图3–31所示，半联轴器与两轴之间用键联接。

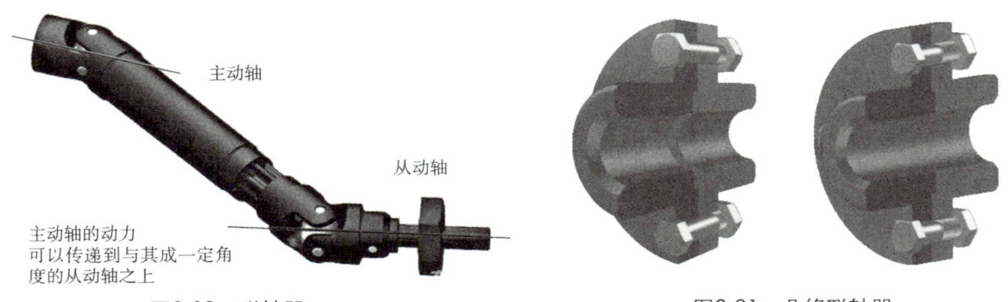

图3-30　联轴器　　　　图3-31　凸缘联轴器

• 套筒联轴器：是利用公用套筒，并通过键、花键或锥销等刚性联接件，以实现两轴的联接。套筒联轴器的结构简单，制造方便，成本较低，径向尺寸小，但装拆不方便，需使轴作轴向移动，如图3–32所示。

2.挠性联轴器

• 滑块联轴器：利用中间滑块与两半联轴器端面的径向槽配合，以实现两轴联接，如图3–33所示。

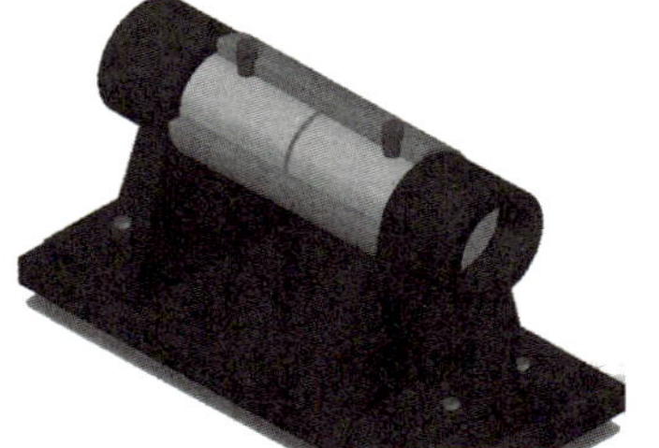

图3-32　套筒联轴器

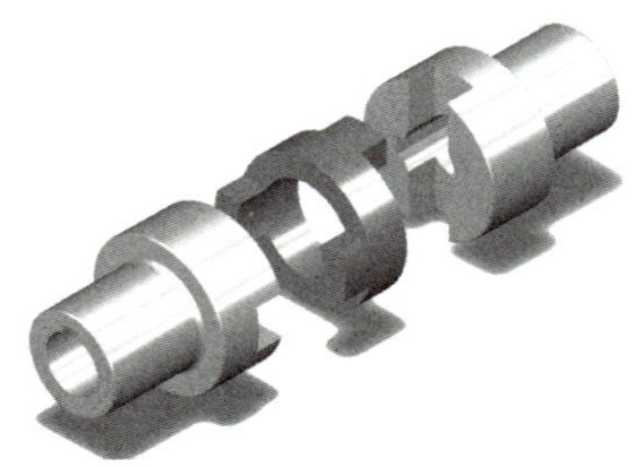

图3-33　滑块联轴器

•万向联轴器：是联轴器的一种，如图3–34所示。在两轴不在同一轴线，存在轴线夹角的情况下，它能实现所联接的两轴连续回转，并可靠地传递转矩和运动。万向联轴器最大的特点是：其结构有较大的角向补偿能力，结构紧凑，传动效率高。

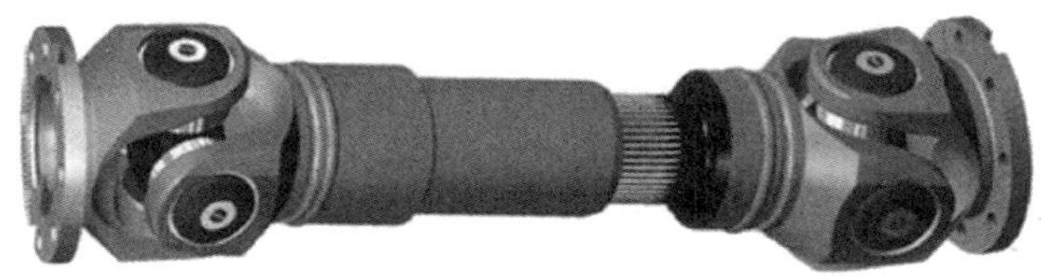

图3-34 万向联轴器

•弹性套柱销联轴器：其结构与凸缘联轴器相似，不同之处是用带有弹性圈的柱销代替了螺栓联接，弹性圈一般用耐油橡胶制成，剖面为梯形以提高弹性，如图3–35所示。

•弹性柱销联轴器：与弹性套柱销联轴器结构相似，只是柱销材料为尼龙，柱销形状一端为柱形，另一端制成腰鼓形，以增大角度位移的补偿能力，如图3–36所示。

图3-35 弹性套柱销联轴器

图3-36 弹性柱销联轴器

二、联轴器在汽车上的应用

万向联轴器在汽车上又叫做万向节，常应用于汽车传动轴和转向系统的联接。

1.发动机前置后轮驱动的汽车

视频汽车万向节

发动机前置后轮驱动的车辆，万向节安装在变速器输出轴与驱动桥主减速器输入轴之间的传动轴上，如图3–37所示。传动轴是汽车传动系中传递动力的重要部件，它的作用是与变速箱、驱动桥一起将发动机的动力传递给车轮，使汽车产生驱动力。万向节是汽车

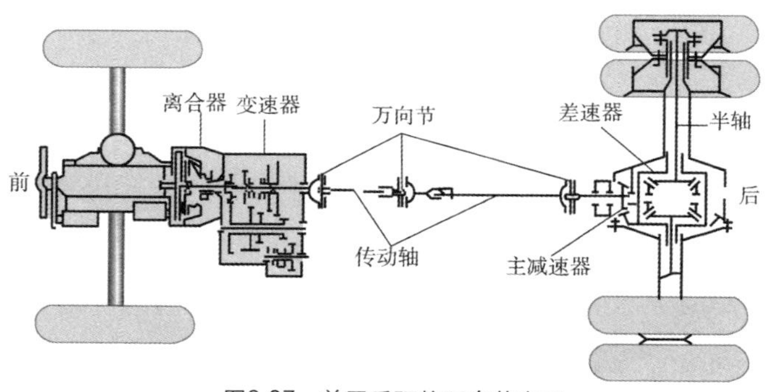

图3-37 前置后驱的万向节应用

传动轴上的关键部件，它保证变速器输出轴与驱动桥输入轴两轴线夹角的变化，并实现两轴的等角速传动。传动轴可以是好几节，由万向节联接。它是一个高转速、少支承的旋转体，因此它的动平衡是至关重要的。一般传动轴在出厂前都要进行动平衡试验，并在平衡机上进行调整。

2.发动机前置前轮驱动的汽车

发动机前置前轮驱动的汽车省略了纵向布置的较长的传动轴，万向节安装在既负责驱动又负责转向的前桥半轴与车轮之间。车辆在运行中路面不平产生跳动，负荷变化或者两个总成安装位置差异，都会使得变速器输出轴与驱动桥主减速器输入轴之间的夹角和距离发生变化，因此要用一个“等速”的万向节来解决这一个问题，如图3-38所示。

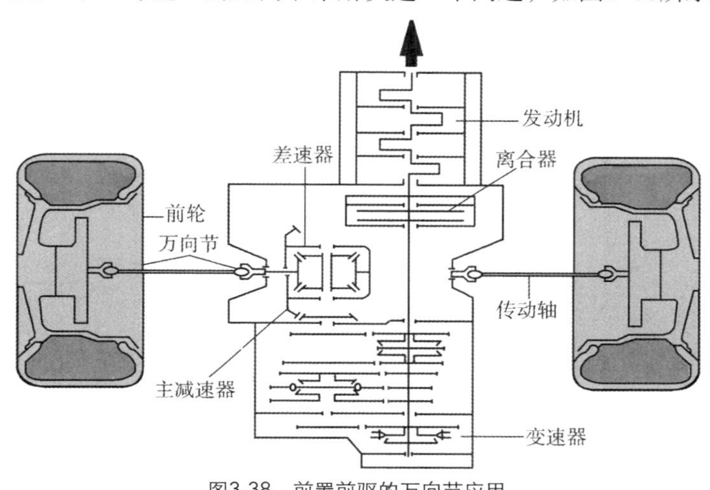

图3-38 前置前驱的万向节应用

3.发动机前置全轮驱动的汽车

在发动机前置全轮驱动的汽车上，由于汽车在运动过程中悬架变形，驱动轴主减速器输入轴与变速器输出轴间经常有相对运动。此外，为有效避开某些机构或装置（无法实现直线传递），必须有一种装置来实现动力的正常传递，于是就出现了万向节传动，如图3-39所示。

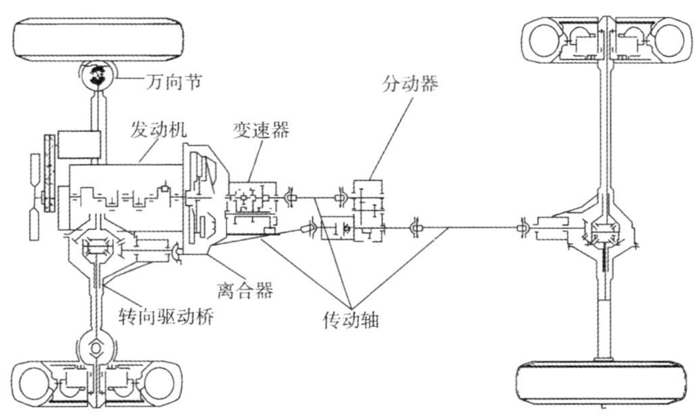

图3-39 四轮驱动的万向节应用

4.转向万向节

转向系统中通过转向万向节(图3-40)的联接，操纵转向器和转向传动机构，使转向轮偏转。

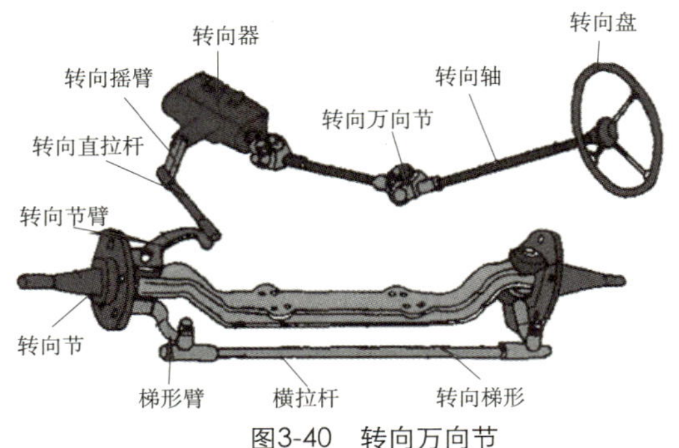

图3-40 转向万向节

小提示

联轴器让复杂的机械结构简单化，使我们的生活越来越便利。作为汽车类专业的中职生，我们应独立思考，勇于探索，敢于创新，运用自己所学知识探索和改变生活中的具体事物。

任务检测

1.认识联轴器。

请仔细观察图3-41，说出下列联轴器的类型。

2.了解联轴器的应用。

请仔细观察图3-42，说出图中联轴器的应用。

图3-41 联轴器的类型

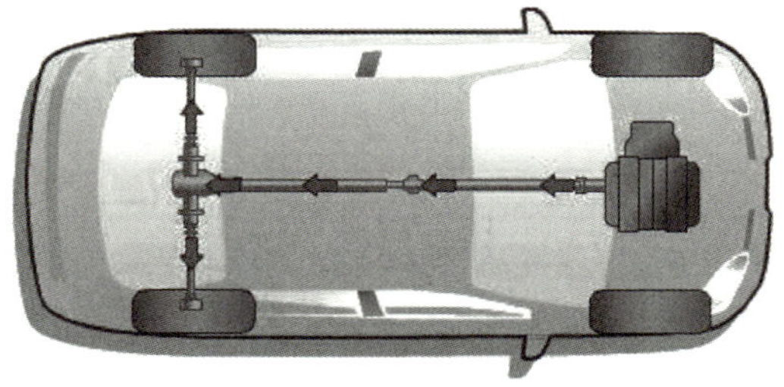

图3-42 汽车上万向节的应用

任务拓展

1.万向节传动的特点

①保证所联接两轴的相对位置在预计范围内变动时能可靠地传递动力。

②保证所联接两轴能均匀运转。由于万向节夹角而产生的附加载荷、振动和噪声应在允许范围内。

③传动效率高，使用寿命长，结构简单，制造方便，维修容易。对汽车而言，由于一个十字轴万向节的输出轴相对于输入轴（有一定的夹角）是不等速旋转的，为此必须采用双万向节（或多万向节）传动，并把同传动轴相连的两个万向节叉布置在同一平面，并且使两万向节的夹角相等。

2.万向节类型

主、从动轴的角速度在两轴之间的夹角变动时不相等的万向节，称为不等速万向节。主、从动轴的角速度在两轴之间的夹角变动时仍然相等的万向节，称为等速万向节。这两种万向节主要用于转向驱动桥、断开式驱动桥等的车轮传动装置中，用于轿车中的动力传递。当轿车为后轮驱动时，常采用不等速万向节；当轿车为前轮驱动时，则常采用等速万向节。

• 十字轴式刚性万向节：也称为不等速万向节，在汽车传动系中用得最广，历史也最悠久。平时所说的传动轴一般指的就是十字轴式刚性万向节，如图3-43所示。

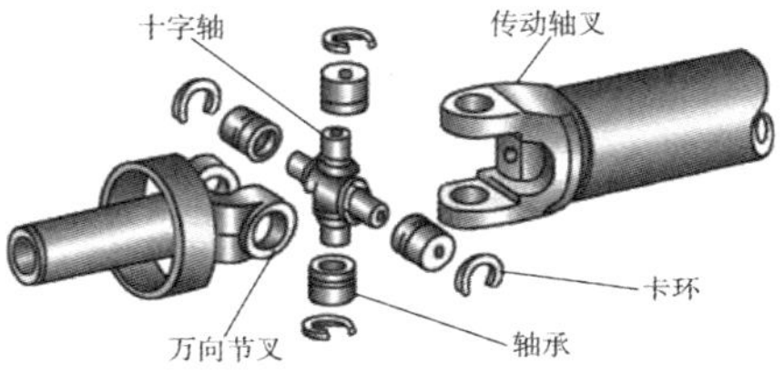

图3-43 十字轴式刚性万向节

• 球笼式万向节：是“等速万向节”，是轿车传动系统中的重要部件，如图3-44所示。其作用是将发动机的动力从变速器传递到两个前车轮，驱动轿车高速行驶。

• 球叉式万向节：也是“等速万向节”，如图3-45所示。主、从动轴的角速度在两轴之间的夹角变动时仍然相等。它们主要用于转向驱动桥、断开式驱动桥等的车轮传动装置中，主要用于轿车中的动力传递。

对于前置前驱的汽车通常还会用到三枢轴式（三叉式）等速万向节。以捷达轿车为例，每侧半轴分成三节，每侧都有两种万向节，靠近差速器的（内端）是三叉式，靠近车轮（外端）的是球笼式等速万向节。

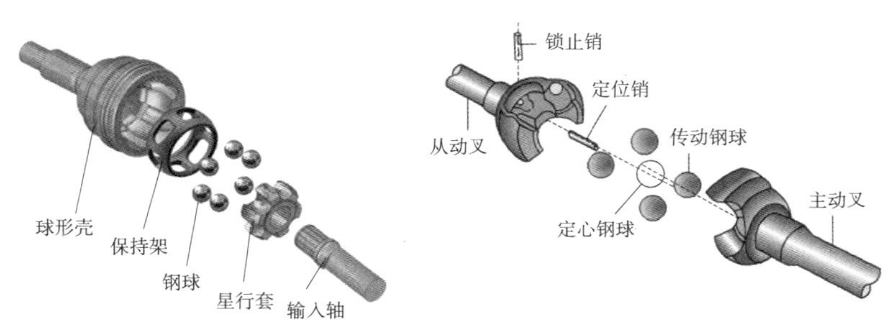

图3-44 球笼式万向节

图3-45 球叉式万向节

评价与反思

评价表

序号	考核项目	考核内容	配分/分	评分标准	得分
1	认识联轴器	① 联轴器的功用 ② 联轴器的类型	40	① 能描述联轴器的功用得20分 ② 能认识联轴器的类型得20分	
2	联轴器的应用	万向节在汽车上的应用	60	① 能描述万向节在汽车上的应用得30分 ② 能描述万向节的安装位置得15分 ③ 能描述万向节的传动原理得15分	
总　分			100	合　计	

反思

1.在高速重载的动力传动中，有的联轴器有缓冲、减振和补偿两轴线相对位移量的作用。思考：联轴器对于原动机和工作机的作用是什么？

2.联轴器应用于汽车上哪些地方？联轴器在运转时，两轴不能分离，必须停车后，经过拆卸才能分离。思考：为什么这些地方可以使用联轴器？

任务四　认识离合器

任务描述

离合器是机械传动中的常用部件，可将传动系统随时分离或接合。任何形式的汽车都有离合装置，只是形式不同而已。本任务主要讲述离合器的组成、类型和在汽车上的应用。

关键点：离合器的类型及应用。

任务目标

完成本任务的学习后，你应：

★ 能描述离合器的功用；

★ 能识别离合器的类型；

★ 能描述离合器的组成和工作原理；

★ 能描述不同的离合器在汽车上的作用；

★ 与时俱进，学习新知识、新技术。

任务实施

一、离合器的功用

离合器安装在发动机与变速器之间，用来分离或接合前后两者之间的动力联系，如图

3-46所示。其功用为：

①平顺接合动力，保证汽车平稳起步。汽车起步时，驾驶员先踩下离合器踏板，使发动机和传动系脱开，再将变速器挂上挡，然后逐渐松开离合器踏板，使离合器逐渐接合。由于离合器的接合紧密程度逐渐增大，发动机经传动系传给驱动车轮的转矩便逐渐增加，到牵引力足以克服起步阻力时，汽车即从静止开始运动并逐步加速。

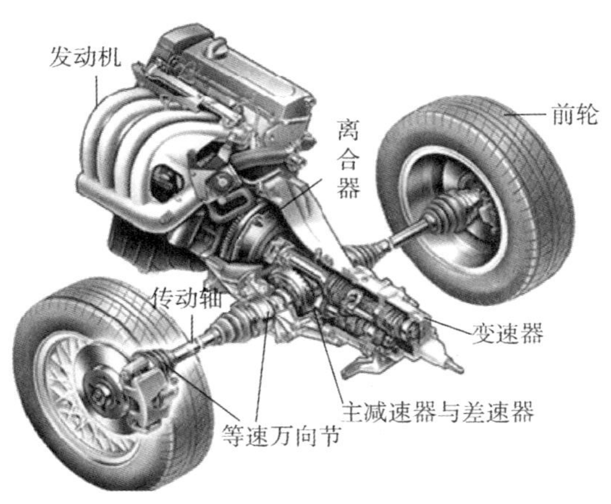

图3-46　离合器在汽车上的位置

②临时切断动力，保证换挡时工作平顺。在汽车行驶过程中，为适应不断变化的行驶条件，传动系经常要更换不同挡位来进行工作。而在换挡过程中，离合器的作用减轻了齿轮突然啮合时的冲击力，从而实现平顺的换挡。

③防止传动系过载。当汽车进行紧急制动时，若没有离合器，则发动机将因和传动系刚性连接而急剧降低转速，其中所有运动件将产生很大的惯性力矩（其数值可能大大超过发动机正常工作时所发出的最大扭矩），对传动系造成超过其承载能力的载荷，而使机件损坏。有了离合器，便可以依靠离合器主动部分和从动部分之间可能产生的相对运动来消除这一危险。

二、离合器的类型

离合器是一个传动机构，它有主动部分和从动部分，两部分可以暂时分离也可以慢慢结合，并且在传动过程中还有可能产生相对转动。所以，离合器的主动件和从动件之间会依靠接触摩擦来传递扭矩，或是利用摩擦所需要的压紧力，或是利用液体作为传动的介质，或是利用磁力传动或线圈的通断电等方式来传递扭矩。

离合器根据工作原理不同分为电磁离合器、磁粉离合器、摩擦式离合器和液力离合器，如图3-47所示。

• 电磁离合器：靠线圈的通断电来控制离合器的接合与分离。磁粉离合器在主动与从动件之间放置磁粉，不通电时磁粉处于松散状态，通电时磁粉结合，主动件与从动件同时转动。优点：可通过调节电流来调节转矩，允许较大滑差。缺点：较大滑差时温升较大，相对价格高。

• 摩擦离合器：是应用最广也是使用历史最久的一类离合器。摩擦式离合器按从动盘

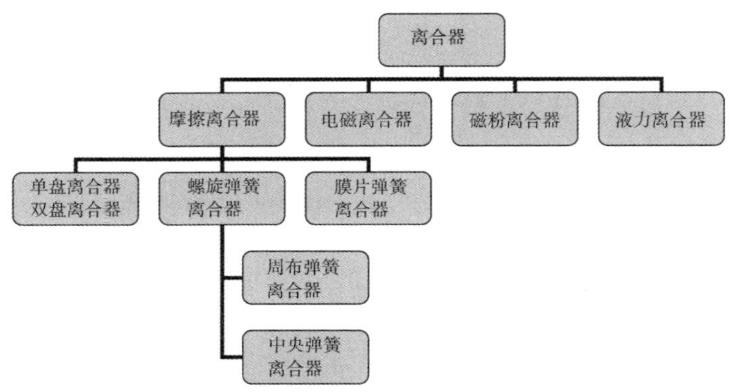

图3-47 离合器的分类

的数目分类可分为单盘式离合器和双盘式离合器。单盘式离合器只有一个从动盘；双盘式离合器有两个从动盘，摩擦面数目多，可传递的转矩较大。按压紧弹簧的结构形式分类可分为螺旋弹簧离合器和膜片弹簧离合器。螺旋弹簧离合器的压紧弹簧是螺旋弹簧，主要有周布弹簧离合器和中央弹簧离合器。

三、离合器的组成

离合器基本上是由主动部分、从动部分、压紧机构和操纵机构4部分组成。主、从动部分和压紧机构是保证离合器处于接合状态并能传递动力的基本结构，而离合器的操纵机构主要是使离合器分离的装置。

离合器的组成如图3-48所示。

- 主动部分：飞轮、压盘、离合器盖等。
- 从动部分：从动盘、从动轴（即变速器第一轴）。
- 压紧部分：压紧弹簧（或膜片弹簧）。
- 操纵机构：包括分离杠杆（或膜片弹簧）、分离杠杆支承柱、摆动销、分离套筒、分离轴承、离合器踏板等。

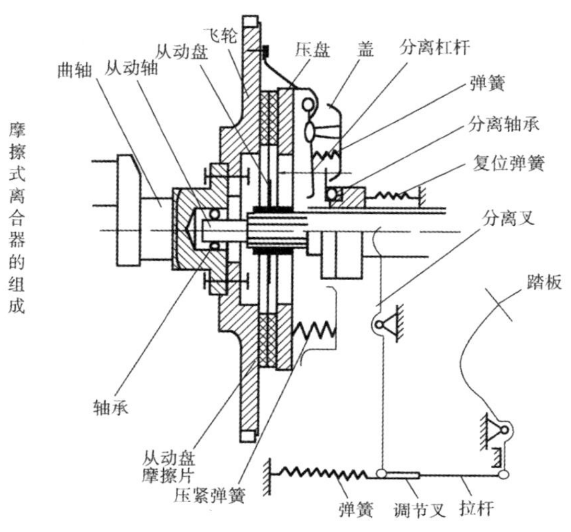

图3-48 离合器的组成

四、离合器的工作原理

视频离合器工作原理

摩擦离合器依靠摩擦原理传递发动机动力，如图3-49所示。

① 当从动盘与飞轮之间有间隙时，飞轮不能带动从动盘旋转，离合器处于分离状态。

② 当压紧力将从动盘压向飞轮后，飞轮表面对从动盘表面的摩擦力带动从动盘旋转，离合器处于接合状态。

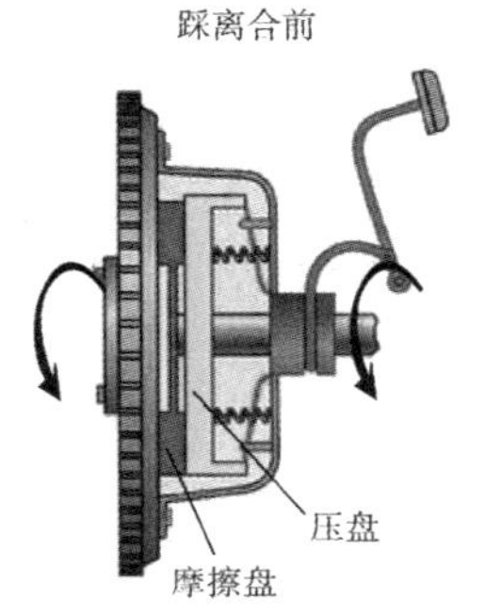

踩下离合前，摩擦盘在压盘的作用力下，迫使摩擦盘与飞轮一起转动，传递动力

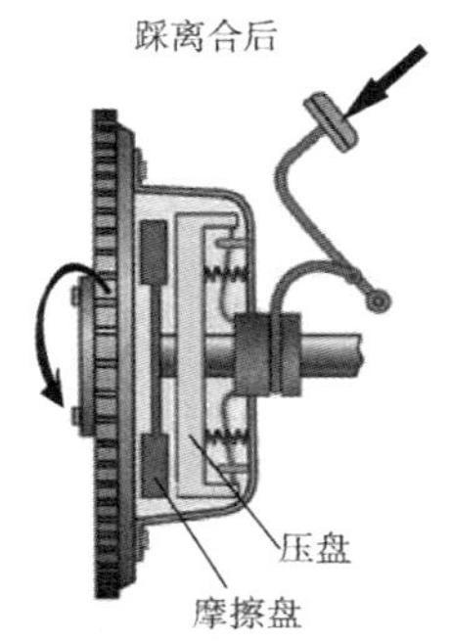

踩下离合后，在分离器的作用下，压盘向右移动，摩擦盘与飞轮分离，中断动力传递

图3-49　离合器的工作原理

五、离合器在汽车上的应用

汽车传动系对离合器的要求有：

① 接合平顺柔和，保证汽车能平稳起步。

② 分离迅速彻底，便于换挡和发动机起动。

③ 有合适的储备能力，既能保证传递发动机最大转矩，又能防止传动系过载。

④ 从动部分的传动惯量应尽量小，减少换挡时的冲击。

⑤ 具有良好的散热能力，汽车在行驶过程中，当需要频繁操纵离合器时，会使离合器主、从动部分相对滑转，产生摩擦热，如热量不及时散出，会严重影响其工作的可靠性和使用寿命。

⑥ 操纵轻便，减轻驾驶员的疲劳。

弹簧的刚度越大，摩擦片的摩擦系数越高，离合器的直径越大，离合器性能也就越好。汽车上使用最多的是摩擦式离合器。对于摩擦离合器，随着所用摩擦面的数目（从动盘的数目）、压紧弹簧的形式及安装位置以及操纵机构形式的不同，其总体构造也有差异。

1.单盘离合器

单盘离合器通常只设有一片从动盘，其前后两面都装有摩擦片，因而具有两个摩擦表面。应用于轿车、中型客车和货车，发动机最大转矩一般不是很大。它的特点是：结构简单，调整方便，轴向尺寸小，分离彻底，从动部分转动惯量小，散热性好。

2.双盘离合器

双盘离合器设有从动盘两片，具有4个摩擦表面。它的特点是：传递转矩大，接合平顺、柔和，径向尺寸较小，操纵更轻便；但轴向尺寸大，结构复杂，中间压盘的通风散热性差，分离行程较大，分离不彻底，从动部分的转动惯量大，换挡困难。一般应用于传递转矩大且径向尺寸受到限制的汽车，如吨位较大的中型和重型货车。

3.膜片弹簧离合器

膜片弹簧作为压紧原件的离合器是近些年来汽车上广泛采用的离合器，如图3-50所示。膜片弹簧离合器的优点是：传递的转矩大且较稳定，结构简单且紧凑，高速时平衡性好，散热通风性能好，摩擦片的使用寿命长；缺点是：制造难度大，分离效率低，分离指根易出现应力集中，分离指舌尖易磨损。

4.周布弹簧离合器

压盘是离合器的主动部分，在传递发动机转矩时，它和飞轮联接在一起带动从动盘转动。但这种联接应允许压盘在离合器分离过程中能自由地做轴向移动。其中双盘周布弹簧离合器的特点是有两个从动盘和两个压盘，常用于重型货车，如图3-51所示。

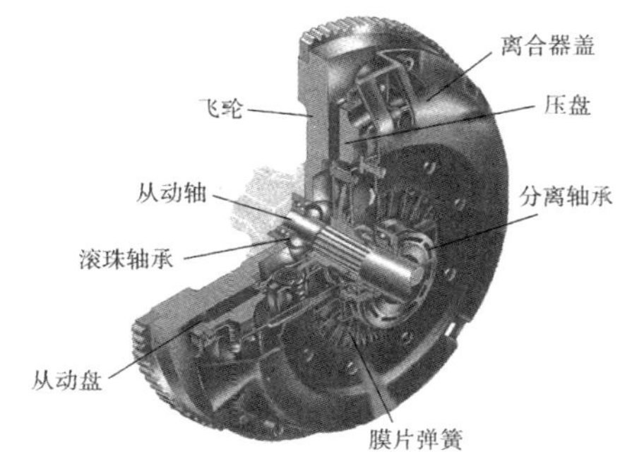

图3-50　膜片弹簧离合器

图3-51　周布弹簧离合器

5.中央弹簧离合器

中央弹簧离合器只采用与轴线重合的内外两个螺旋压紧弹簧，且位于离合器的中央。由于压紧杠杆的内臂比外臂长得多，中央弹簧的压紧力是经过压紧杠杆放大后才传到压盘上的，这样便可以用较软的弹簧获得较大的压紧力。相应地，为分离离合器而进一步压缩中央弹簧所需的力也较小，所以中央弹簧离合器在一些重型载货汽车上用得较多，如图3-52所示。

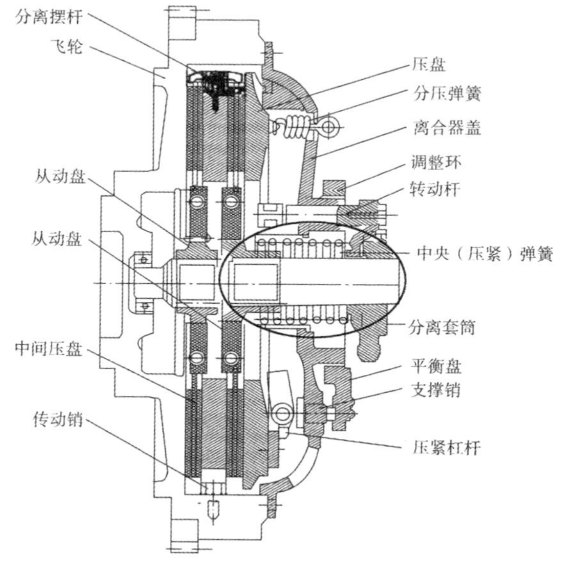

图3-52　中央弹簧离合器

小提示

以前的离合器主要是手动变速器，具有效率高、工作可靠等优点，但它也存在适应性差、工作不稳定且操作繁琐等缺点。为了提高驾驶感，现在市面越来越多的汽车使用自动变速器（DSG、CVT、AT、AMT），自动变速器的应用也越来越广。但自动变速器的技术也越来越复杂，对于学习者，我们应该与时俱进，敢于挑战，去学习新知识、新技术。

任务检测

1.认识离合器。

请根据图3-53，试叙述离合器的工作原理。

2.认识离合器的布置位置。

请认真研读图3-54，说说离合器在汽车上的布置位置。

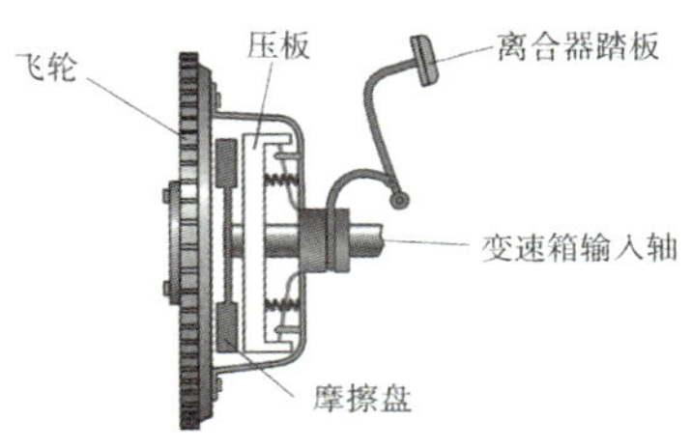

图3-53 离合器的工作原理

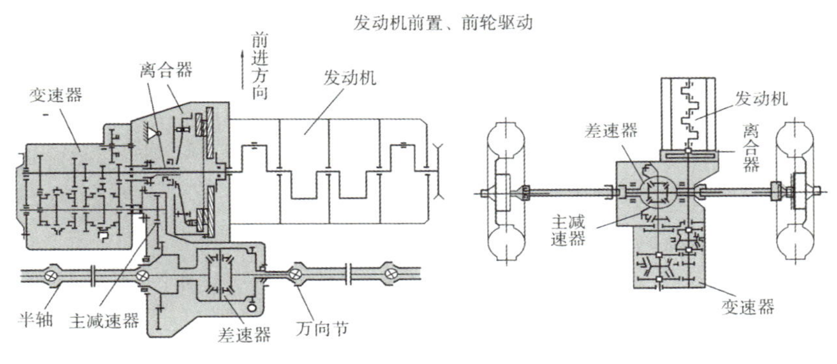

图3-54 离合器的位置

3.认识汽车踏板。

请看图3-55，说出汽车里3个踏板的名称，并说出它们分别起什么作用？

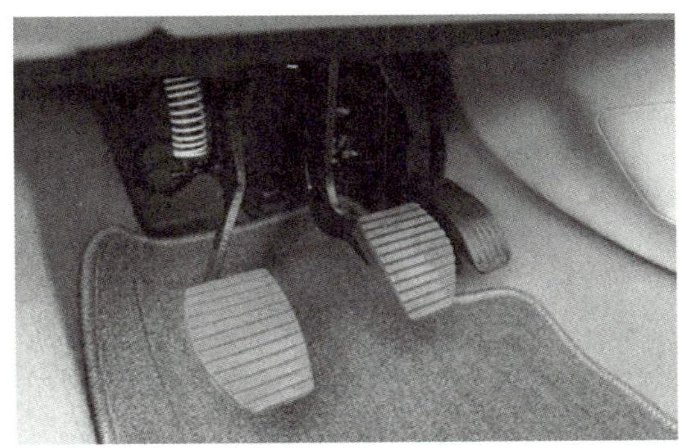
图3-55 汽车踏板

任务拓展

湿式多片离合器

用油液冷却的，称为湿式离合器，如图3–56所示。湿式离合器的冷却油不对摩擦片起保护作用，而使动力传递平滑柔和。其优点是耐磨，散热好，衔接柔顺，使用寿命长，一般不会发生故障，除非违反操作规程，经常使离合器处于半离合状态工作。它多用于自动变速器上，通过液压缸的作用压紧多个钢片和摩擦片使离合器接合，回油后则在弹簧力的作用下使钢片和摩擦片分离。

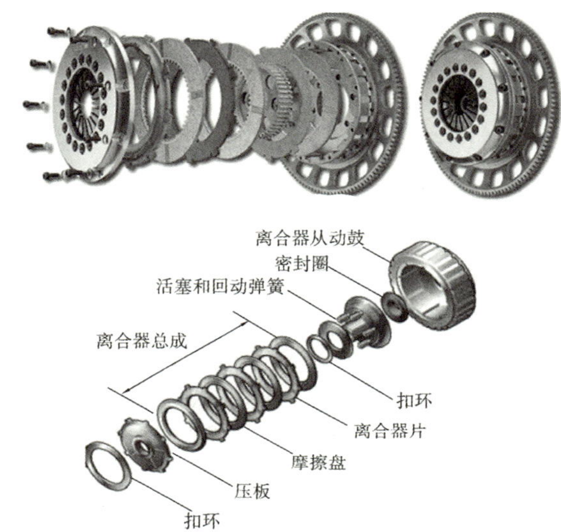

图3-56 离合器的操作要领改为“湿式多片离合器”

评价与反思

评价表

序号	考核项目	考核内容	配分/分	评分标准	得分
1	认识离合器	①离合器的功用 ②离合器的类型 ③离合器的组成和工作原理	60	①能讲述离合器的功用得15分 ②能认识离合器的类型得15分 ③能描述离合器的组成和工作原理得30分	
2	离合器的应用	离合器在汽车上的应用	40	①能描述离合器在汽车上的应用得20分 ②能描述离合器的安装位置得20分	
总　分			100	合　计	

反思

1.思考：离合器和联轴器的异同。

2.离合器的功用是什么？思考：它是如何做到平稳起步、平顺换挡的。

任务五　认识制动器

任务描述

制动器是使机械中的运动件停止或减速的机械零件，俗称刹车。本任务主要讲述制动器的组成、类型及在汽车上的应用。

关键点：制动器的类型及应用。

任务目标

完成本任务的学习后，你应：

★ 能描述制动器的功用；

★ 能描述制动器的类型和工作原理；

★ 能描述不同的制动器在汽车上的作用；

★ 遵守交通规则。

任务实施

汽车制动器分为行车制动器（脚刹）、驻车制动器（手刹）。在行车过程中，一般都采用行车制动（脚刹），便于在前进的过程中减速停车。若行车制动失灵，才采用驻车制动。当车停稳后，就要使用驻车制动（手刹），防止车辆前行和后行。本任务主要讲述行车制动器。

一、制动器的定义和原理

制动器就是刹车，通常安装在车轮上，是让行驶中的汽车停止或减速的部件。制动器的一般工作原理是：利用与车身（或车架）相连的非旋转元件和与车轮（或传动轴）相连的旋转元件之间的相互摩擦来阻止车轮的转动或转动的趋势。

小 提 示

制动系统是使汽车的行驶速度可以强制降低或者完全停止的一系列独立装置，是属于被动装置。纵然有制动系统，在汽车驾驶时，也一定要遵守交通规则，不能超过规定的行驶车速。

二、制动器的分类

制动器主要分为盘式制动器和鼓式制动器。

1.盘式制动器

盘式制动器又称为碟式制动器，主要由制动盘、制动钳、制动片等组成。制动盘用合金钢制造并固定在车轮上，随车轮转动，制动片分别装在制动盘的两侧，制动泵固定在制动器的底板上固定不动。目前，大部分小型车都采用液压制动，因为液体是不能被压缩的，能够几乎100%的传递动力，基本原理是驾驶员踩下制动踏板，向制动泵中的制动液施加压力，液体将压力通过管路传递到每个车轮制动钳的活塞上，活塞驱动制动钳夹紧制动盘从而产生巨大摩擦力令车辆减速，如图3–57所示。

盘式制动器的优点是散热快，重量轻，构造简单，调整方便，特别是高负载时耐高温性能好，制动效果稳定，而且不怕泥水侵袭，在冬季和恶劣路况下行车，盘式制动比鼓式制动更容易在较短的时间内令车停下。但盘式制动器有自己的缺陷，例如对制动器和制动管路的制造要求较高，制动片的耗损量较大，成本贵，而且由于摩擦片的面积小，相对摩擦的工作面也较小，需要的制动液压高，故用于液压制动系统时所需制动促动管路压力较高，一般要用伺服装置。

视频制动盘工作原理

2.鼓式制动器

现在鼓式制动器的主流是内张式，它的制动蹄位于制动轮内侧，在制动的时候制动蹄向外张开，摩擦制动轮的内侧，达到刹车的目的，如图3–58所示。相对于盘式制动器来说，鼓式制动器价格便宜，但制动效能和散热性都要差许多，在不同路面上制动力变化很大，不易于掌控。而且由于散热性能差，在制动过程中会聚集大量的热量，容易引起制动效率下降和刹车失灵。另外，鼓式制动器在使用一段时间后，需要定期调校制动蹄的空隙，甚至要把整个刹车鼓拆出清理累积在内的刹车粉。

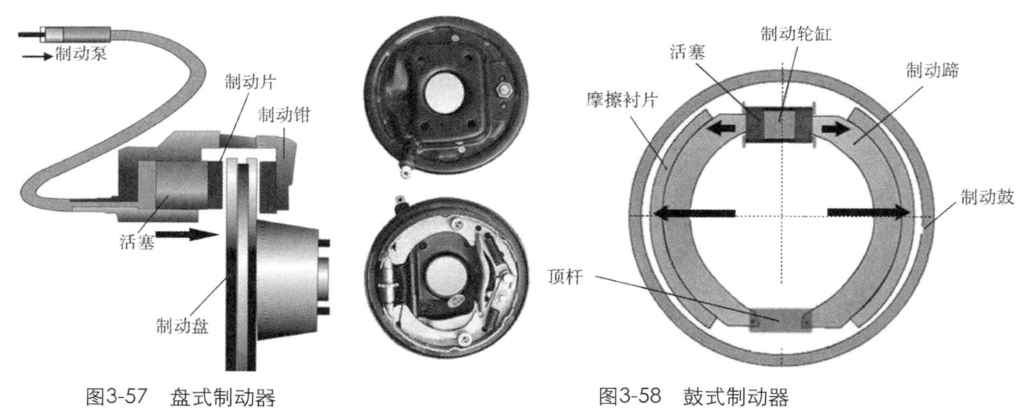

图3-57　盘式制动器

图3-58　鼓式制动器

鼓式制动器的工作原理是：在踩下制动踏板时，制动轮缸的活塞推动摩擦衬片向外运动，使摩擦衬片与制动鼓的内面发生摩擦，以达到降低车速的目的。

三、制动器在汽车上的应用

1.盘式制动器

盘式制动器制动性能稳定，目前已广泛应用于各类轿车。现在大部分轿车的全部车轮采用盘式制动器；少数轿车采用前轮使用盘式制动器，后轮使用鼓式制动器配合的方式。多数轿车采用的盘式制动器有实心盘式制动器、通风盘式制动器及打孔通风盘式制动器等类型。

- 实心盘式制动器（图3–59）：实心盘式制动器的制动盘用合金钢制造并固定在车轮

上，随车轮转动。分泵固定在制动器的底板上固定不动，制动钳上的两个摩擦片分别装在制动盘的两侧，分泵的活塞受油管输送来的液压作用，推动摩擦片压向制动盘发生摩擦制动，就好像用钳子钳住旋转中的盘子，迫使它停下来一样。

• 通风盘式制动器（图3–60）：由于在制动过程中，卡钳和制动盘摩擦会产生大量的热量，使制动盘快速升温而降低制动效果，所以通风盘式制动器就诞生了。通风盘式制动器利用车辆在行驶当中产生的离心力使空气对流，达到散热的目的，这是由它的特殊构造决定的。从外表看，它在圆周上有许多通向圆心的洞空，这些洞空是经一种特殊工艺制造而成，因此比普通盘式散热效果要好，但是成本也要贵一些，一般中高档轿车才会采用。

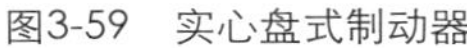

图3-59　实心盘式制动器

图3-60　通风盘式制动器

• 打孔通风盘式制动器（图3–61）：打孔通风盘式制动器是在通风盘基础上对盘面进行打孔，最大程度保证空气流通，降低热衰减。一般在大功率的跑车上才会采用打孔通风盘式制动器。

• 陶瓷碳纤维式制动器（图3–62）：陶瓷碳纤维式制动器就是在打孔通风盘式制动器的基础上，在制动盘上加入了极耐热的陶瓷材料。这样可以提高制动盘的耐高温性，可以有效地减低热衰减，也具有轻量化的特点。这种制动器一般只在赛车或者超级跑车上采用，如法拉利F430就采用了这种制动器。

图3-61　打孔通风盘式制动器示意图

图3-62　陶瓷碳纤维式

2.鼓式制动器

在近30年中，鼓式制动器在轿车领域上已经逐步退出，但由于成本比较低，仍然在一些经济类轿车中使用，主要用于制动负荷比较小的后轮和驻车制动。对于一般大型车辆来说，由于车速一般不是很高，制动蹄的耐用程度也比盘式制动器高，因此许多重型车至今仍使用四轮鼓式的设计，如图3–63所示。

3.前盘后鼓制动器应用

在制动效果上，鼓式与盘式相差并不大，因为刹车时是轮胎和地面的摩擦力让车子逐

图3-63　鼓式制动器的应用

渐停止下来的。如果车身小巧，车身重量轻，后轮采用鼓式制动器就足以使轮胎和地面产生足够的摩擦力。

在散热性上，盘式制动器要比鼓式制动器散热快，通风盘制动器的散热效果更好；在灵敏度上，盘式制动器会更高些，不过在下雨天道路泥泞的情况下，当制动盘沾了泥沙后刹车效果就会大打折扣，这也是盘刹的缺点；在费用方面，鼓刹较盘刹更低，而且使用寿命更长，因此一些中低档车多采用鼓刹，中高档的车型基本采取四轮盘刹。

目前，车市中很多发动机排量较小的中低档车型，其制动系统大多采用“前盘后鼓式”，如图3-64所示，即前轮采用盘式制动器，后轮采用鼓式制动器，如常见的一汽大众捷达、长安铃木奥拓及羚羊、比亚迪福莱尔、东风悦达起亚千里马、上海通用赛欧等。

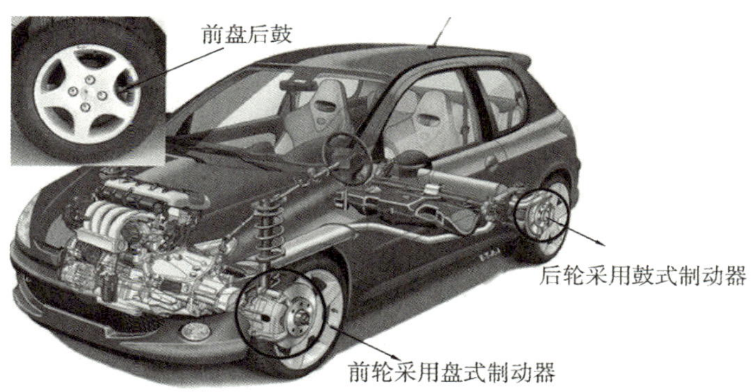

图3-64　前盘后鼓制动器的应用

任务检测

1.认识盘式制动器。

请根据图3-65叙述盘式制动器的工作原理。

2.认识鼓式制动器。

请根据图3-66叙述鼓式制动器的工作原理。

3.认识制动器在汽车上的布置位置

请认真研读图3-67，说说制动器在汽车上的布置位置。

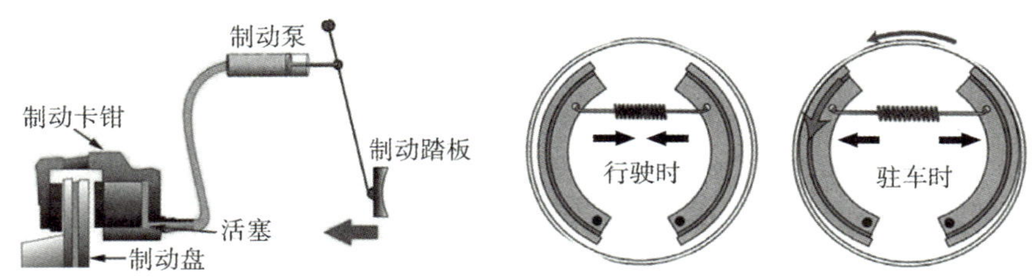

图3-65　盘式制动器的工作原理示意图　　图3-66　鼓式制动器工作原理示意图

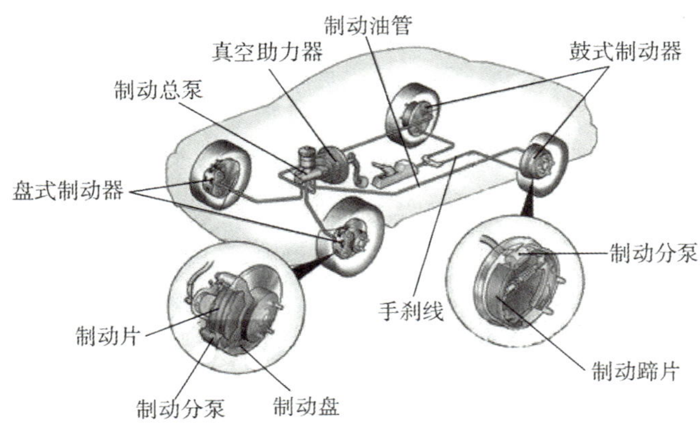

图3-67　制动器的布置位置

任务拓展

液压制动传动装置

液压制动柔和灵敏，结构简单，使用方便，不消耗发动机功率。驾驶员所施加的控制力，通过制动踏板机构4传动到容积式制动主缸5，将机械能转变成液压能，液压能通过油管[3]输入前、后轮制动器，再将液压能转变成机械能，促使制动器进入工作状态。

1.认真研读图3–68，了解液压式制动传动装置组成以及工作原理。

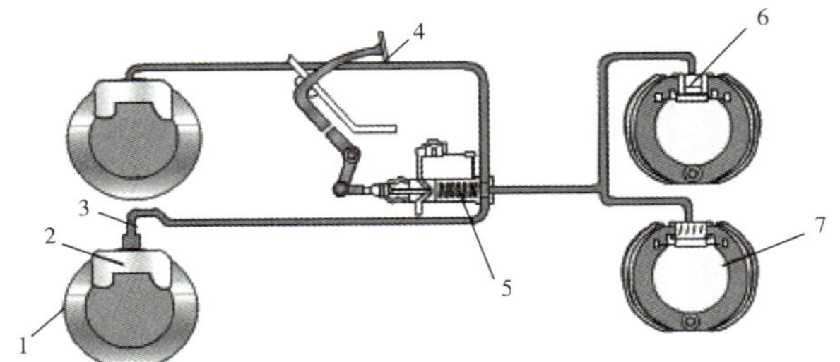

1—制动盘；2—制动钳；3—制动管路；4—制动踏板；
5—制动主缸；6—制动轮缸；7—制动鼓

图3-68　液压式制动传动装置

2.片式制动器

在自动变速器里，太阳轮、齿圈、行星架3个元件都可以旋转，因此没有固定的传动比，不能直接用于变速传动。为了获得固定的传动比，必须将太阳轮、齿圈、行星架3个元件中的1个固定（即其转速为0r/min，也称制动）。制动器作用于固定行星齿轮机构中的基本元件，防止其旋转，有片式制动器和带式制动器两种。常用的片式制动器（图3–69）由制动器片、制动器活塞、回位弹簧、花键毂构成，其结构与离合器相同，不同之处是制动器从动片的外圆花键齿与固定的变速器外壳联接，可轴向移动，以便结合时将主动件制动，使行星齿轮机构改组换挡。

图3-69　片式制动器

评价与反思

评价表

序号	考核项目	考核内容	配分/分	评分标准	得分
1	认识制动器	①制动器的功用 ②制动器的类型	40	①能描述制动器件的功用得10分 ②能认识制动器的类型得10分 ③能描述制动器的结构、工作原理得20分	
2	螺纹联接的应用	制动器在汽车上的应用	60	①能描述盘式制动器在汽车上的应用得30分 ②能描述鼓式制动器在汽车上的应用得30分	
总　分			100	合　计	

反思

1.思考联轴器、离合器与制动器的区别。

2.盘式制动器有哪些种类？在高、中、低档的汽车上是如何应用的？

练习

一、填空题

1.按螺纹所在表面不同可分为________和________两类。

2.螺纹联接常用的预紧防松措施有________防松、________防松、________防松和________防松等。

3.键联接主要用于________和________之间作________向固定的可拆卸联接。

4.汽车上常用的键联接主要有________、________和________3类。

5.联轴器和离合器是用来________部件；制动器是用来________的装置。

6.用联轴器连接的两轴________分开：而用离合器连接的两轴在机器工作时________。

7.传递两相交轴间运动而又要求轴间夹角经常变化时，可以采用________联轴器。

8.汽车上采用的车轮制动器是利用________原理来产生制动的，它的结构分为________和________两种。

9.________制动器制动性能稳定，目前已广泛应用于轿车。

10.汽车制动系一般至少装用________套各自独立的系统，即主要用于________时制动的________装置和主要用于________时制动的装置。

二、选择题

1.联轴器和离合器的主要作用是（　　）。

A.联接两轴，使其一同旋转并传递转矩

B.补偿两轴的综合位移

C.防止机器发生过载

D.缓和冲击和震动

2.汽车传动轴之间适合选择的联轴器是（　　）？

A.凸缘联轴器　B.齿式联轴器　C.万向联轴器　D.套筒联轴器

3.对离合器的主要要求是（　　）。

A.结合柔和，分离彻底　B.结合柔和，分离柔和

C.结合迅速，分离彻底　D.结合迅速，分离柔和

4.当两个被联接件之一太厚，不需要经常拆装时，常采用（　　）联接。

A.双头螺柱　B.紧定螺钉　C.螺钉　D.螺栓

三、判断题

（　）1.使离合器接合柔和，驾驶员应逐渐放松离合器踏板。

（　）2.离合器的摩擦衬片上沾有油污后，可得到润滑。

（　）3.膜片弹簧可使离合器简化，但在高速旋转时其压紧力受离心力影响，不适用于轿车。

（　）4.离合器在紧急制动时，可防止传动系过载。

（　）5.在离合器接合情况下，汽车无法切断发动机与传动系的动力传递。

（　）6.双片离合器由于有2个从动盘4个摩擦面传递动力，一般多用于重型车辆上。

（　）7.周布弹簧离合器采用螺旋弹簧，分别沿压盘的圆周布置。

（　）8.轿车、客车和部分中、小型货车多采用单片离合器。

（　）9.单线螺纹主要用于传动，多线螺纹主要用于联接。

（　）10.花键联接精度高，轴上零件对中性好，轴上零件不可以滑移。

四、简答题

1.摩擦式离合器各有何优缺点?各适用于什么场合?

2.列举常见的螺纹联接件。

3.说出盘式制动器的种类。

4.列举汽车上制动器的应用。

5.列举汽车上联轴器的应用。

6.列举汽车上离合器的应用。

项目四　常见零件及润滑

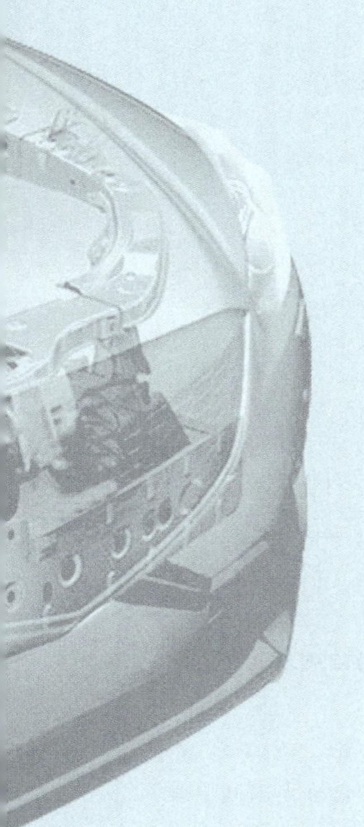

从组成上来看，机器是由一个一个的零件组成的。轴是保证机器正常工作的重要零件之一，凡是做回转运动的零件都必须用轴来支撑才能实现运动和动力的传递；轴承的功用是支撑轴及轴上的零件。而零件的使用寿命除了与零件的材质、加工工艺等因素有关外,还与它的润滑方式有关。良好的润滑能显著提高机械的使用性能和寿命并减少能量消耗。

任务一 认识轴

任务描述

本任务主要讲述轴的功用、种类、特点和结构，掌握轴上零件的固定方法和转轴的结构,熟悉汽车上的常用轴。

关键点：轴的分类与结构，轴的固定与应用。

任务目标

完成本任务的学习后，你应：

★ 能描述轴的功用和特点；

★ 能识别轴的类型；

★ 能识别轴上零件的固定方法；

★ 能说出汽车上常见轴的应用；

★ 会根据图示判别轴的结构。

★ 结合木辘轳的发明，增强自己的民族自豪感与文化自信感。

任务实施

轴是机器中最基本、最重要的零件之一。它的主要功用是支承回转零件,传递运动和动力。对轴的一般要求是要有足够的强度,合理的结构和良好的工艺性。

励志事例

江西瑞昌博物馆陈列着一件商代木辘轳。它是一件极为珍贵的反映中国传统工艺技术和中国古代机械发展史的不可多得的文物精品。

木辘轳是现代轴运用的雏形，是迄今我们见到的最早的用于提升重物的轮、轴机械。木辘轳的制作和使用标志着我国对轮、轴机械的制造和使用已有了很大进步，它为我国起重机械的制造开了先河，木辘轳在中国古代机械史中占有重要地位。

如果没有先人的艰辛和勤奋，没有世世代代人的热血和努力，没有上下五千年的文明积淀，就不会有今天的泱泱中华。因此，通过了解本民族的历史，可以增强我们的民族自豪感和文化自信，当然也会增强我们每一个人作为中国人的自信，这种自信势必会由内而外地影响到我们的生活和言行。

一、轴的分类与结构

1.按轴线形状分类

按轴线形状分类，轴可分为直轴、曲轴和挠性钢丝软轴（简称挠性轴）。

•直轴：轴线为直线的轴称为直轴。按外观形状不同，直轴又分为光轴与阶梯轴。光轴（图4–1）的直径无变化，多用于汽车的刹车、倒挡等部件上；阶梯轴（图4–2）的直径有变化，多应用在汽车的变速器和机器的减速器上。

图4-1　光轴　　　　图4-2　阶梯轴

•曲轴：曲轴的轴线不是一条直线。曲轴常用于将主动件的回转运动转变为从动件的直线往复运动，或将主动件的直线往复运动转变为从动件的回转运动。如图4–3所示为汽车发动机中曲轴的应用。

•挠性轴：挠性轴由几层紧贴在一起的钢丝构成,可以把回转运动灵活地传到任何位置,常用于里程表软轴（图4–4）。

图4-3　曲轴

图4-4　里程表软轴

2.按承载情况分类

直轴按承载情况分类，又可分为心轴、传动轴和转轴，各种轴的特点、应用见表4–1。

表4–1　心轴、传动轴和转轴的承载情况及应用

种　类	特　点	应用举例
心轴	工作时只承受弯矩，起支承作用	例：普通变速器的倒挡惰轮轴 倒挡 惰轮轴

续表

种　类	特　点	应用举例
传动轴	工作时只承受扭矩，仅起传递动力作用	例：汽车中联接变速箱与后桥之间的轴 车辆转动轴
转轴	工作时既承受弯矩又承受扭矩,既起支承作用又起传递动力的作用,是机器中最常用的一种轴	例：汽车变速器中的轴 输入轴 套筒 动力 输出轴

3.轴的结构

轴的结构如图4–5所示。

- 轴头：轴上安装传动零件的部分；
- 轴颈：安装轴承的部分；
- 轴身：联接轴头和轴颈之间的部分；
- 轴环：轴上直径变化形成的阶梯（双向变化）；
- 轴肩：轴上直径变化形成的阶梯（单向变化）。

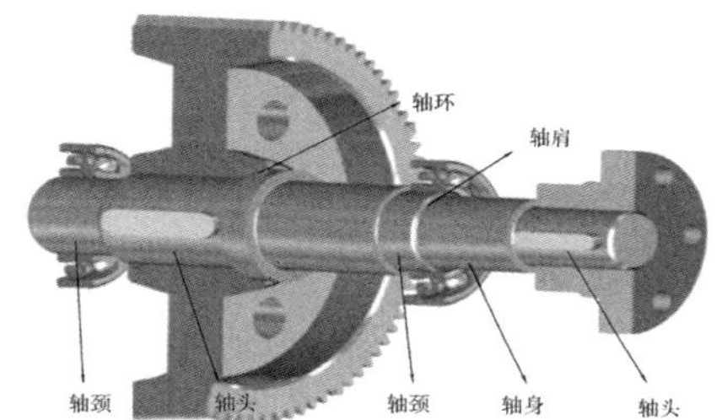

图4-5　轴的结构

二、轴上零件的固定

零件在轴上的固定或连接方式随零件的作用而异。固定的方法不同，轴的结构也就不同。一般情况下，为了保证零件在轴上的工作位置固定，应在周向和轴向上对零件加以固定。

1.轴上零件的轴向定位与固定

零件在轴上应沿轴向准确地定位和可靠地固定，以使其具有确定的安装位置并能承受轴向力而不产生轴向位移。

常用的轴向固定方法有轴肩定位、轴环定位、螺母定位、套筒定位及轴端挡圈定位等，见表4–2。轴上零件的轴向定位和固定方法主要取决于轴向力的大小。当零件所受轴向力大时，常用轴肩、轴环、过盈配合等方式；零件受中等轴向力时，可用套筒、圆螺母、轴端挡圈、圆锥面和圆锥销钉等方式；零件所受的轴向力小时，可用弹簧挡圈、挡环、紧定螺钉等方式。选择时，还应考虑轴的制造及零件装拆的难易、所占位置的大小、对轴强度的影响等因素。

表4-2　轴上零件轴向定位方法

类型		示意图	特性及应用场合
轴向固定	轴肩轴环定位	轴肩　轴环	结构简单，定位可靠，可承受较大的轴向力。常用于齿轮、链轮、带轮和联轴器等定位
	套筒定位	套筒	结构简单，定位可靠，轴上不需要开槽、钻孔和车螺纹，不影响轴的疲劳强度。一般应用于轴上两个零件的定位
	圆螺母定位		定位可靠，装拆方便，可承受较大的轴向力；由于切制螺纹使轴的疲劳强度下降。常用于轴的中部和端部
轴向固定	轴端挡圈定位	轴端挡圈	结构紧凑，简单，拆装方便，可承受剧烈振动和冲击载荷。常用于轴端零件的轴向定位
	弹性挡圈定位	弹性挡圈	结构简单，紧凑，只能承受很小的轴向力。常用于固定滚动轴承
	紧定螺钉定位		紧定螺钉端部拧入轴上凹坑（加工时配作）实现固定，结构简单，不能承受较大载荷，且不适宜高速场合。多用于轴向力不大的场合
	圆锥面定位		装拆方便，可兼用周向定位，只适用于轴端零件的轴向定位。适用于高速、冲击以及对中性要求较高的场合

2.轴上零件的周向定位与固定

为了传递运动和转矩，防止轴上零件与轴做相对转动，轴和轴上零件必须可靠地沿周向固定（联接）。常用的周向固定的方法有键联接、销联接、花键联接和过盈配合联接等，这些联接统称为轴一毂联接，见表4-3。

表4-3 轴上零件周向定位方法

类型		示意图	特性
周向固定	键联接		制造简单，拆装方便。适用于对中性要求较低，传递扭矩较大的场合
	花键联接		受力均匀，对轴和轮毂的强度削弱小，承载能力高，轴上零件与轴的对中性、导向性好，但制造成本高。适用于定心精度要求较高和载荷较大的场合
周向固定	销联接		适用于被固定连接的零件受力不大且同时需要做周向或轴向固定的不太重要的场合，宜作为安全装置，过载时可被剪断，防止损坏其他零件
	过盈联接		同时有周向和轴向固定作用，对中精度高，拆卸不便，不宜于重载和多次装拆的场合

三、轴的结构工艺性

轴的结构应以制造简单，且轴上零件拆装方便为准，通常将轴做成中间大，两端小的阶梯轴。加工的时候应注意：

①为便于加工定位，轴的两端面上应做出中心孔。

②为使轴上零件容易装拆，轴端和各轴段端部都应有45° 的倒角，如图4-6所示。

③同一轴上沿长度方向在多个轴头上开有键槽，各键槽应安排在同一直线上，图4-6所示。

④ 轴上磨削和车螺纹的轴段应分别设有砂轮越程槽和螺纹退刀槽，图4-7所示。

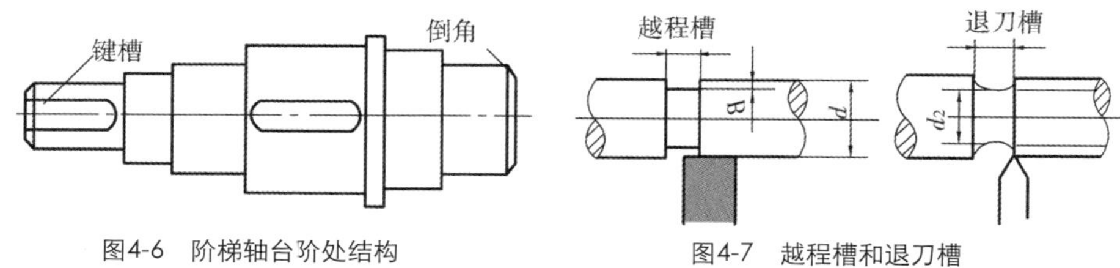

图4-6 阶梯轴台阶处结构

图4-7 越程槽和退刀槽

四、轴在汽车上的应用

在汽车中，几乎应用了上述所有轴的形式。汽车变速器中既有心轴、传动轴，又有转轴。普通变速器的倒挡惰轮轴是用来支撑惰轮的，并且与箱体通过半圆键相连，所以属于固定心轴。普通变速器中的输入轴、输出轴及中间轴都是转轴。汽车变速器到驱动桥是通过传动轴连接的，汽车发动机中，都用到曲轴。

1.变速器的倒挡惰轮轴（图4–8）

2.变速器的输入、输出轴（图4–9）

3.汽车传动轴（图4–10）

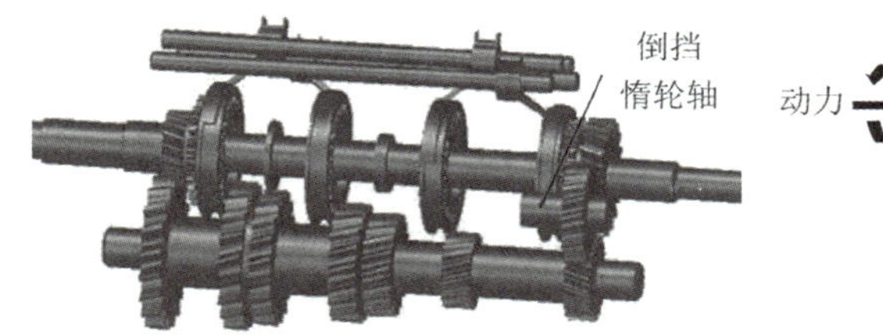

图4-8　倒挡惰轮轴

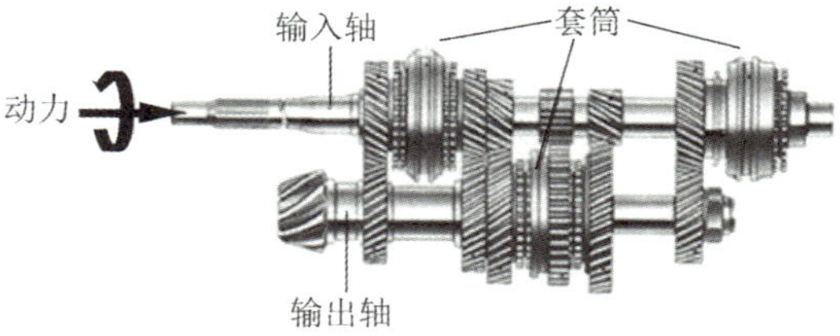

图4-9　变速器的输入、输出轴

4.发动机曲轴（图4–11）

图4-10　汽车传动轴

图4-11　曲轴

任务检测

1.认识轴的类型。

请判断图4–12中轴的类型。

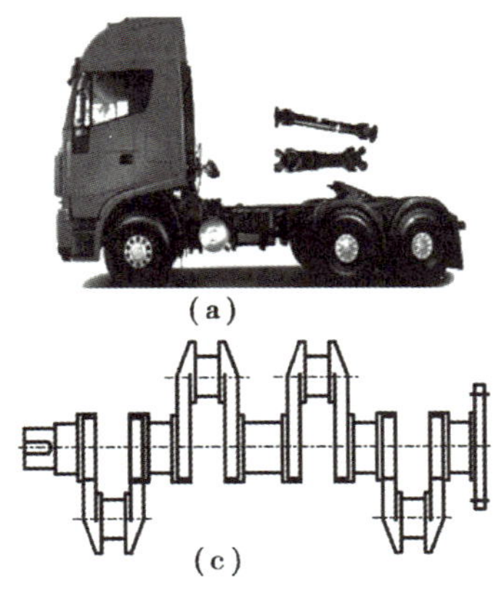

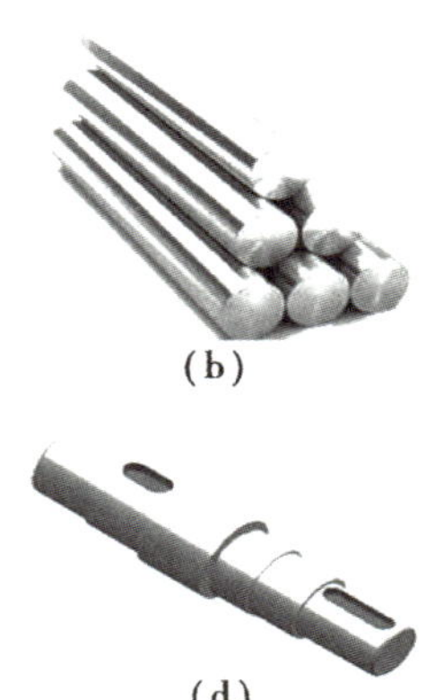

图4-12　轴的类型

2.认识轴的结构。

说出图4-13中轴的

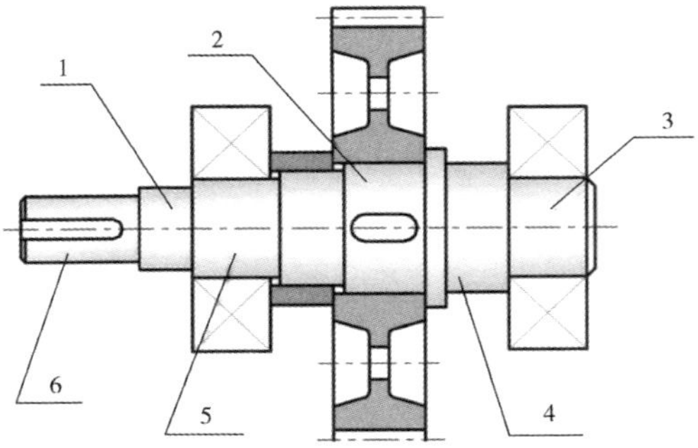

图4-13　轴的结构

3.认识轴的固定方法。

说出图4-14中轴的固定方法。

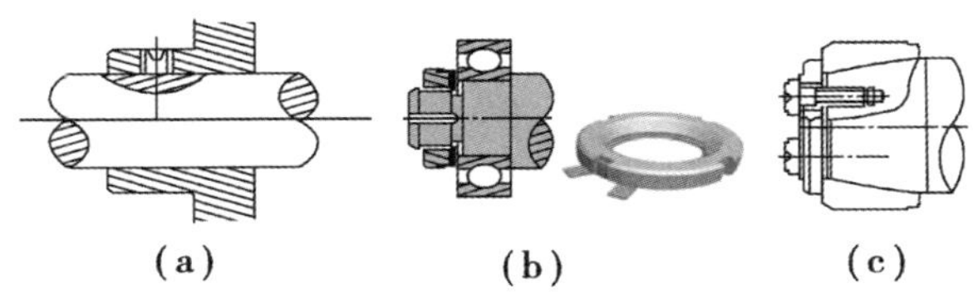

图4-14　轴的固定方法

为了保证零件在轴上的工作位置固定，应在周向和轴向上对零件加以固定：常用的轴向固定方法有______定位、______定位、______定位、套筒定位及轴端挡圈定位等；周向固定方法有______、______、______及过盈连接。

4.了解轴在汽车上的应用。

请说出汽车上常见的轴。

任务拓展

轴的材料

轴的失效形式是疲劳断裂，所以对轴的材料要求是：具有足够的强度，对应力集中敏感性低，能满足刚度、耐磨性、耐腐蚀性要求，并具有良好的加工性能，且价格低廉、易于获得。轴的常用材料主要是碳素钢和合金钢，其次是球墨铸铁和高强度铸铁。

• 碳素钢：碳素钢比合金钢价格低廉，对应力集中的敏感性低，可通过热处理改善其综合性能，加工工艺性好，故应用最广。一般用途的轴，多用含碳量为0.25%～0.5%的优质碳素钢，尤其是45号钢。对于不重要或受力较小的轴也可用Q235、Q275等碳素结构钢。

• 合金钢：合金钢具有比碳钢更好的机械性能和淬火性能，但对应力集中比较敏感，且价格较贵，多用于对强度和耐磨性有特殊要求的轴。如20Cr*、20CrMnTi等低碳合金钢，经渗碳淬火处理后可提高耐磨性；20CrMoV、38CrMoAl等合金钢，有良好的高温机械

* 20cr指碳含量为0.2%，铬含量<1.5%的合金钢。

性能，常用于在高温、高速和重载条件下工作的轴。

• 球墨铸铁和高强度铸铁：球墨铸铁和高强度铸铁的铸造工艺性好，易获得较复杂的外形，吸振性和耐磨性好，对应力集中敏感低，价格低廉，所以应用日益广泛。例如：汽车、拖拉机发动机中的曲轴多用球墨铸铁制造。

评价与反思

评价表

序号	考核项目	考核内容	配分/分	评分标准	得分
1	轴的类型和特点	① 轴的类型 ② 轴的特点	30	① 能区分轴的类型得20分 ② 能描述各种轴的特点得10分	
2	轴的结构和轴上零件的固定方法	① 轴的结构 ② 轴上零件的固定方法	40	① 能根据图示描述轴的结构得20分 ② 能根据图示描述轴上零件定位方式得20分	
3	轴的结构工艺和应用	① 轴的结构工艺 ② 汽车上的常见轴	30	① 能根据图示判断轴的结构工艺是否正确得10分 ② 能说出汽车上常见轴的应用得20分	
总　分			100	合　计	

反思

1.轴上零件的周向固定和轴向固定有哪些方法？有哪几种方法是既能轴向固定又能周向固定的？

2.轴的应用在汽车上随处可见，曲轴、传动轴、变速器输入输出轴、汽车前轮轴及后轮轴属于什么类型？思考：变速器拨叉轴、转向器轴的类型。

任务二　认识轴承

任务描述

本任务主要讲述轴承的类型、结构、特点及在汽车上的应用。

关键点：轴承的类型和特点，轴承的结构和应用。

任务目标

完成本任务的学习后，你应：

★ 能描述滑动轴承和滚动轴承的特点和应用场合；

★ 能识别滑动轴承和滚动轴承的类型；

★ 能描述轴承在汽车上的应用；

★ 能说出轴承的安装维护方法。

★ 树立爱国主义为核心，培养艰苦奋斗的意志和品格。

励志事例

我国轴承工业经过 40 多年的发展，轴承产品和制造水平有了长足进步，已经具有相当的规模和一定的发展基础，目前已能生产 6600 多个品种、1500 多个规格的各类轴承。尤其是近 20 年，与重点主机的配套能力有了很大提高。我国轴承工业快速发展的同时也正面临着严峻的考验，国内市场工作主机对轴承可靠性、寿命、噪音和精密度等提出了越来越高的要求。例如，高速铁路客车、汽车变速箱轴承、风电轴承、航空发动机轴承等，这些要求高的轴承产品主要靠进口解决。这就突出了轴承工艺方法改进的重要性。目前，从洛轴、哈轴引进高速镦锻机生产线，推动了轴承行业锻造水平的技术进步，通过多次工艺改革，不但提高了整个轴承的刚度、强度和承载能力，而且增加了轴承的稳定性，降低了噪香。

我们应该坚信，通过自身的努力，探索技术的突破，“掐脖子”的关键核心技术终有一天会被我们攻克。

任务实施

轴承是支撑机器转动的部件，其功用有两个：一是支撑轴及轴上零件；二是减少转轴与支撑之间的摩擦和磨损。根据轴承工作时的摩擦性质，轴承可分为滑动摩擦轴承（简称滑动轴承）和滚动摩擦轴承（简称滚动轴承）。

一、滑动轴承

1.滑动轴承的特点及应用

滑动轴承主要承受轴颈与轴瓦之间的摩擦，具有工作平稳、无噪声、耐冲击、承载能力大、径向尺寸小、结构简单、成本低廉等特点。它主要应用于高速、高精度、重载、有冲击、装配工艺要求轴承部分的场合。但普通滑动轴承的起动摩擦阻力大，且轴承磨损后造成轴承间隙较大时，整体式滑动轴承无法调整间隙。

2.滑动轴承的类型和结构

滑动轴承一般由轴瓦和轴承座构成。滑动轴承分为径向滑动轴承（承受径向载荷）和推力滑动轴承（承受轴向载荷），常用径向滑动轴承的分类及特点见表4–4。

表4-4 径向滑动轴承的分类及特点

类 型	结构图	结构名称	特 点
整体式		1—轴承座 2—轴瓦	①结构简单，成本低廉； ②因磨损而造成的间隙无法调整； ③轴颈只能从一端装入，对中间轴颈的轴无法安装
剖分式		1—轴承座 2—联接螺栓 3—轴承盖 4—剖分轴瓦	①结构复杂； ②可以调整因磨损而造成的间隙； ③装拆方便

3.轴瓦

轴瓦是滑动轴承中直接与轴颈接触的零件，是滑动轴承的主要组成部分。轴瓦分为整体式和剖分式，剖分式轴瓦结构如图4-15所示。在轴瓦非承载区内表面开有油孔和油槽，以便于润滑油能均匀分布在整个轴颈上形成良好的油膜。在对开剖分面，常有与轴承座凹槽相配合的凸键，以防止轴承在工作时发生横向错动和随轴转动。为了提高轴瓦表面的摩擦性能，提高承载能力，常常在轴瓦内表面浇铸一层减摩合金。

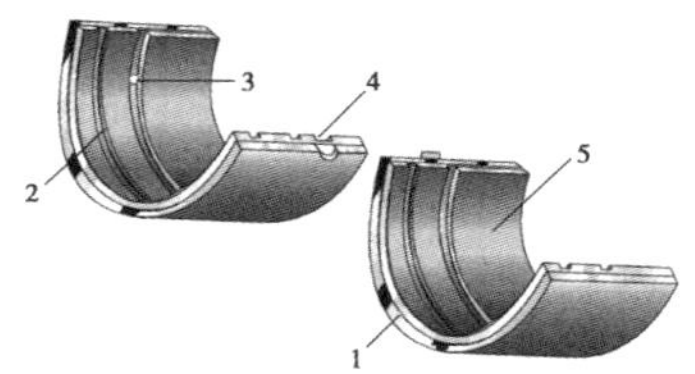

图4-15 轴瓦结构

1—钢背；2—油槽；3—油孔；4—定位凸键；5—减摩合金

4.滑动轴承在汽车上的应用

在汽车上，有好多部位都有滑动轴承的应用，比较典型的应用是汽车发动机中曲轴与连杆之间的滑动轴承连接、曲轴与机体间的滑动轴承连接（图4-16），以及凸轮轴的轴承（图4-17）。

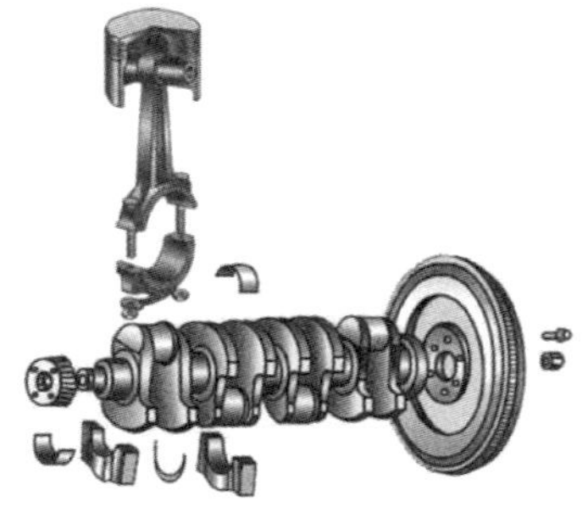
图4-16 曲柄连杆机构

图4-17 凸轮轴轴承

5.滑动轴承的安装与维护

①滑动轴承安装要保证轴颈在轴承孔内转动灵活、准确、平稳。

②瓦与轴承座孔要修刮贴实，轴瓦剖分面要高出0.05 ~ 0.1 mm，以便压紧。整体式轴瓦压入时要防止偏斜，并用紧定螺钉固定。

③注意油路畅通，油路与油槽接通。

④注意清洁，修刮调试过程中凡能出现油污的机件，修刮后都要清洗涂油。

⑤轴承使用过程中要经常检查润滑、发热、振动问题。遇有发热（一般在60℃以下为正常）、冒烟、卡死以及异常振动、声响等要及时检查、分析，采取措施。

二、滚动轴承

1.滚动轴承的特点

工业机械中使用最多的是滚动轴承，它具有标准化程度高、互换性好、转动灵敏、摩擦阻力小、润滑简便、效率高、轴向尺寸小、载荷、转速及工作温度适应范围广等特点。但滚动轴承的抗冲击能力较差，高速时会出现噪声。

2.滚动轴承的结构

滚动轴一般由内圈、外圈、滚动体和保持架4部分组成（图4–18）。内圈的作用是与轴相配合并与轴一起旋转；外圈作用是与轴承座相配合，起支撑作用（说明：汽车行驶系中轮毂的轴承内外圈转动情况刚好相反）；保持架能使滚动体均匀分布，防止滚动体脱落，减少摩擦和磨损；滚动体的形状有圆球、圆柱滚子、圆锥滚子、滚针等，见表4–5。

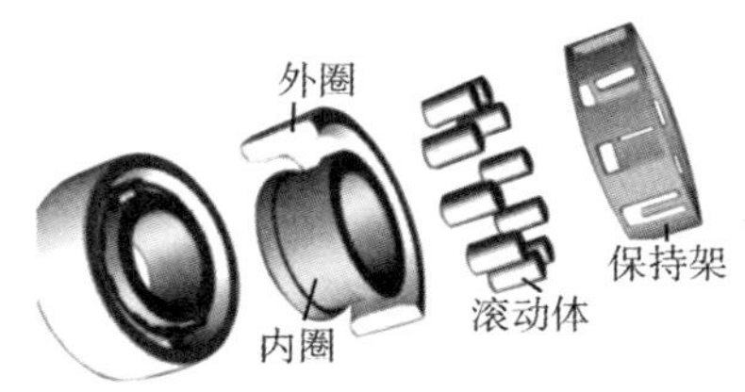

图4-18 滚动轴承结构

表4–5 滚动体形状表

滚动体形状	圆球	圆柱滚子	滚针	圆锥滚子
图例				

3.滚动轴承在汽车上的应用

滚动轴承在汽车中有着广泛的应用，凡是相对转动的地方，大部分都是采用滚动轴承连接。如汽车变速器中，三轴式变速器第二轴齿轮与轴之间的轴承（图4–19）采用滚针轴承；汽车车轮的轮毂与半轴之间的连接采用圆锥滚子轴承（图4–20）；主减速器主、从动齿轮轴承也是采用圆锥滚子轴承。

图4-19 滚针轴承

图4-20 圆锥滚子轴承

4.滚动轴承的装拆

轴承内圈通常与轴颈配合较紧，对于小型轴承，一般可在轴承内圈上垫装配套管（铜管或软钢管），用锤子直接将轴承内圈打入轴颈，如图4–21所示。常采用的方法是：用压力机将轴承压套到轴颈上。对于尺寸较大的轴承，先将轴承放到热油（油温80～100℃）中预热，然后进行安装。

用压力法拆卸轴承可用压力机或拆卸工具，较多使用的是拉杆顶拔器（俗称拉马），如图4–22所示。它是靠2～3个拉爪钩住轴承内圈拆下轴承的，因此应在内圈轴肩上留出足够的高度；若高度不够，可在轴肩上开槽。

图4-21 滚动轴承的安装

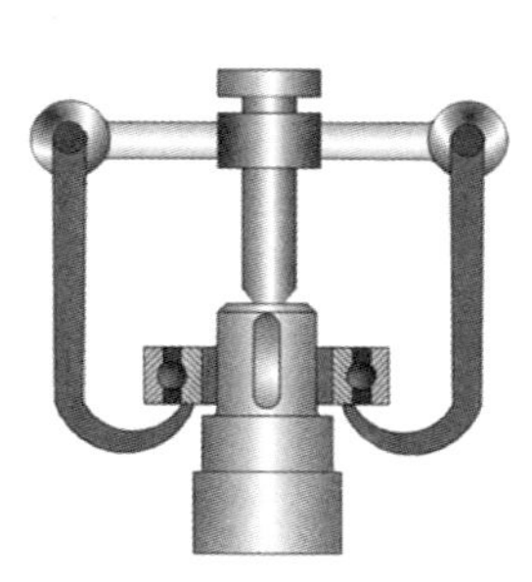

图4-22 用拉杆顶拔器拆出轴承

5.滚动轴承的润滑与密封

（1）滚动轴承润滑

滚动轴承的润滑能有效降低摩擦、减轻磨损，提高传动效率，延长使用寿命，还能起到散热、吸振、防锈和减小噪声的作用。

（2）润滑剂

滚动轴承常用的润滑剂有油润滑和脂润滑两类。低速轴承一般采用润滑脂润滑，润滑脂不容易流失，便于密封和维护，充填一次，可运转较长时间；高速轴承一般采用润滑油润滑，油润滑具有摩擦阻力小、能散热的优点。

（3）滚动轴承密封

滚动轴承的密封能阻止灰尘、水、酸气和其他杂物进入轴承，防止润滑剂流失。常用密封方式如图4–23所示。

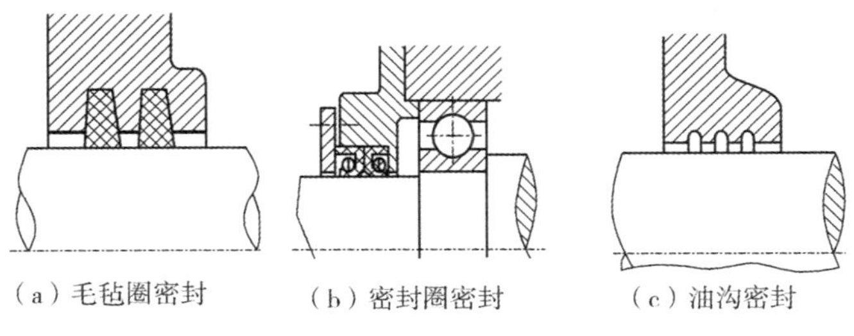

图4-23 滚动轴承的密封

6.滚动轴承的的预紧

在安装轴承时使其受到一定的轴向力，以消除轴承的游隙，并使滚动体和内外圈接触处产生弹性预变形。预紧的目的是：提高轴承的刚度和旋转精度，方法如图4–24所示。

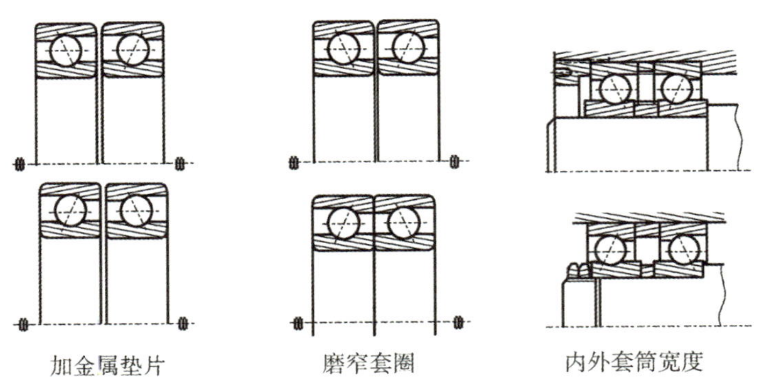

图4-24 滚动轴承的预紧

任务检测

1.认识轴承。

轴承的作用是________和________，根据轴承工作时的摩擦性质，轴承可分为滑动轴承和滚动轴承，其中径向滑动轴承的结构形式主要有________和________两种。根据滚动轴承滚动体的不同形状，滚动轴承可分为________、________、________等。

2.认识轴承的结构。

在图4-25中，指出滚动轴承和滑动轴承各部分的名称。

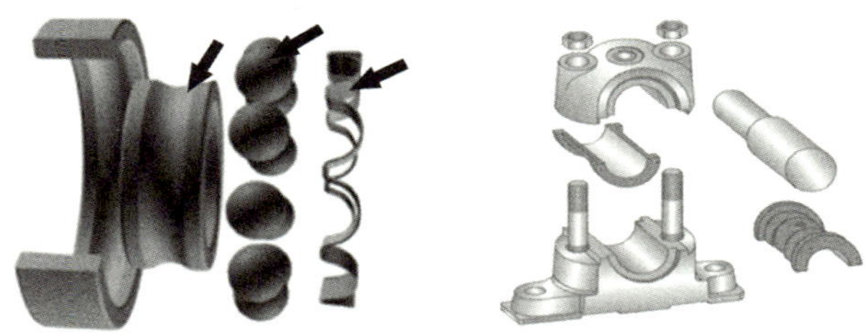

图4-25 轴承组成

3.掌握轴承的安装维护方法。

（1）轴承润滑的目的是________________________。滑动轴承的油沟应开在______。滚动轴承转速较低时，一般采用________润滑；转速较高时，一般采用________润滑。

（2）滚动轴承预紧的目的是提高轴承的______和______，拆卸滚动轴承常会用到______。

4.了解轴承在汽车上的应用。

请说出汽车上滑动轴承和滚动轴承的应用。

任务拓展

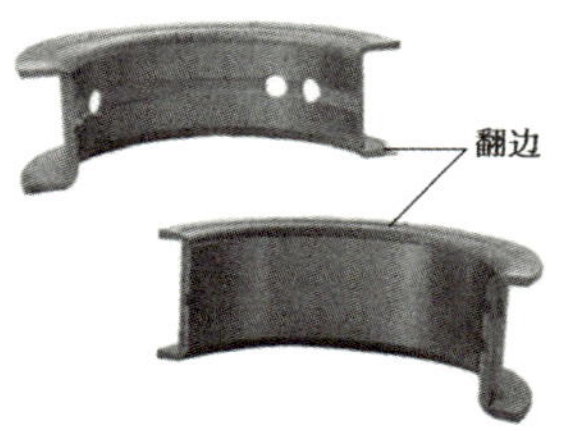

图4-26 翻边瓦

1. “翻边瓦”

如图4-26所示，这是一款大卡车常用的“翻边瓦”，翻边两边与曲轴的止推环结合，翻边侧与发动机缸体固定，这样就能起到控制曲轴在旋转时前后窜动。同时，瓦的内径上控制了曲轴轴向跳动，如小轿车一般用条形独立的止推片防止窜动的原理一样。

2.自润滑轴承

添加少许润滑剂或完全没有润滑剂，使滑动轴承自身具有润滑性的轴承称为自润滑轴承。它的优点是：无油润滑或少油润滑，可以在使用时不保养或少保养；摩擦系数小，使用寿命长；有适量的弹塑性，提高轴承的承载能力；降低启动摩擦系数，保证机械的工作精度。

3.滚动轴承的代号

滚动轴承是标准件，其代号由前置代号、基本代号和后置代号3部分组成。

（1）基本代号

基本代号表示轴承的基本类型，结构和尺寸，是滚动轴承代号的基础。基本代号一般由5个数字或字母加4个数字表示，如图4–27所示。

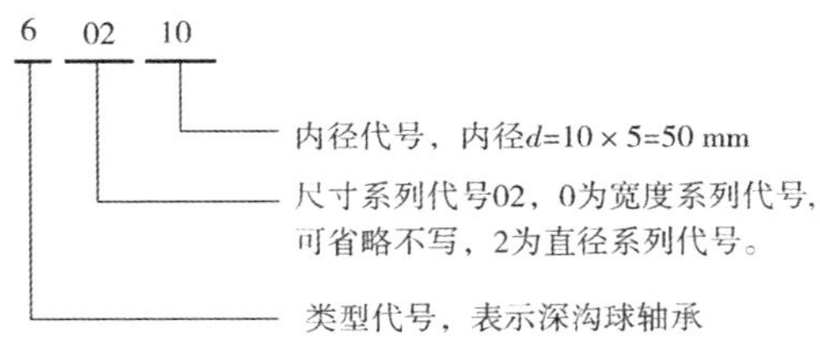

图4-27　轴承基本代号

常用轴承的类型代号用数字或字母表示,见表4–6。尺寸系列代号由轴承宽（高）度系列代号和直径系列代号组合而成。组合排列时，宽度系列在前，直径系列在后。轴承宽（高）度系列代号表示内、外径相同而宽（高）度不同的轴承系列。直径系列代号表示内径相同而具有不同外径的轴承系列。内径代号表示轴承公称内径的大小，其表示方法见表4–7。

表4–6　滚动轴承的类型代号

代号	轴承类型	代号	轴承类型
0	双列角接触球轴承	6	深沟球轴承
1	调心球轴承	7	角接触球轴承
2	推力调心滚子轴承	8	推力圆柱滚子轴承
3	圆锥滚子轴承	N	圆柱滚子轴承
4	双列深沟球轴承	NA	滚针轴承
5	推力球轴承		

表4–7　滚动轴承内径代号表示方法

代号	00	01	02	03	04～99
内径	10	12	15	17	代号数字乘以5等于内径,如04×5=20

说明：d<10 mm，d>500 mm，d=22、28、32 mm时，代号 = 内径尺寸。直径代号与内径代号之间用/分开。

（2）前置、后置代号

当轴承在结构形状、尺寸、公差、技术要求等改变时,在其基本代号左右添加补充代号，其排列顺序见表4-8。

表4-8　前置、后置代号的排列

<table>
<tr><td colspan="10">轴承代号</td></tr>
<tr><td rowspan="2">前置代号</td><td rowspan="3">基本代号</td><td colspan="8">后置代号</td></tr>
<tr><td>1</td><td>2</td><td>3</td><td>4</td><td>5</td><td>6</td><td>7</td><td>8</td></tr>
<tr><td>成套轴承分部件</td><td>内部结构</td><td>密封与防尘套圈类型</td><td>保持架及材料</td><td>轴承材料</td><td>公差等级</td><td>游隙</td><td>配置</td><td>其他</td></tr>
</table>

示例：N105/P5表示的含义。

“N”表示圆柱滚子轴承；“1”表示特轻系列；“05”表示该轴承内径d=5×5mm=25mm；“P5”表示公差等级为5级，游隙组为“0”组，不标注。

示例：HR30207J的含义　　HR—高负荷轴承；3—圆锥滚子轴承；0—宽度系列；2—直径系列；07—内径；J—外圈滚动道直径、角度、宽度与ISO一致。

评价与反思

评价表

序号	考核项目	考核内容	配分/分	评分标准	得分
1	认识轴承	①轴承的特点 ②轴承的应用场合	20	①能描述轴承的特点得10分 ②能描述轴承的应用得10分	
2	认识轴承的类型	①滑动轴承的类型 ②滚动轴承的类型	30	①能识别滑动轴承的类型得15分 ②能识别滚动轴承的类型得15分	
3	轴承在汽车上的应用	①滑动轴承在汽车上的应用 ②滚动轴承在汽车上的应用	30	①能说出滑动轴承在汽车上的应用得15分 ②能说出滚动轴承在汽车上的应用得15分	
4	轴承的安装维护	①轴承的润滑 ②滚动轴承的拆卸和预紧方法	20	①能说出轴承的润滑方式得10分 ②能说出滚动轴承的拆卸和预紧方法得10分	
总　分			100	合　计	

反思

1. 滑动轴承分为径向滑动轴承（承受径向载荷）和推力滑动轴承（承受轴向载荷）。思考：常用径向滑动轴承的轴向固定有哪些方式?

2.滚动轴承的预紧和拆卸方法是什么? 长期使用滚动轴承的失效形式是什么?

任务三 认识弹簧

任务描述

本任务主要讲述弹簧的功用、类型及在汽车上的应用，认识汽车配气机构、传动系统和离合器中弹簧的类型。

关键点：弹簧的类型和应用。

任务目标

完成本任务的学习后，你应：

★ 能描述弹簧的作用；

★ 能识别弹簧的类型；

★ 能说出汽车上弹簧的应用；

★ 结合梅花袖箭的发明，增强民族自豪感与文化认同感。

励志事例

梅花袖箭是古代暗器之一，袖箭的箭矢长七寸，材料用成年的竹竿。将竹片的一端削成三角形，以五片合为一发，围成一圈插在一个刻有五个凹槽的底座上，底座与竹筒之间用弹簧连接，用的时候，用拇指和食指用力将箭矢往下按，然后再猛然松开，弹簧的弹力就会将袖箭全部送出。袖箭主要用于两军交战或是白刃格斗，还可作为镖客、拳师、技击家的防身武器。箭能发射处于也是利用了弹簧的弹力，体现了古人对生活不断探索和创新智慧。

任务实施

弹簧是弹性元件，由于它具有刚性小、弹性大，在载荷作用下容易产生弹性变形等特性，因而被广泛应用于各种机器、仪表及日常用品中。

一、弹簧的功用

按照不同的使用场合，弹簧的功用有：

①控制机构运动，如内燃机上的气门弹簧和制动器中的控制弹簧（图4–28）。

②缓冲和吸振，如汽车的减振弹簧（图4–29）。

③储存能量，如钟表发条。

④测量力，如弹簧秤中的弹簧。

⑤导向，如货车的钢板弹簧。

图4-28　制动器中的控制弹簧

图4-29　汽车减振弹簧

二、弹簧的类型

弹簧的类型很多，按受力性质不同可分为：压缩弹簧、拉伸弹簧、扭转弹簧和弯曲弹簧；按外形不同又可分为：螺旋弹簧、碟形弹簧、环形弹簧、盘形弹簧和板簧，见表4-9。在一般机械中，最常用的是圆柱螺旋弹簧。

表4-9　常用弹簧的类型

按载荷分 按形状分	拉伸	压缩		扭转	弯曲
螺旋形	圆柱螺旋拉伸弹簧	圆柱螺旋压缩弹簧	圆锥螺旋压缩弹簧	圆柱螺旋扭转弹簧	
其他		环形弹簧	碟形弹簧	盘形弹簧	板簧

三、弹簧在汽车上的应用

1.钢板弹簧

钢板弹簧（图4-30）是汽车悬架中应用最广泛的一种弹性元件，它是由若干片等宽但不等长（厚度可以相等，也可以不相等）的合金弹簧片组合而成的一根近似等强度的弹性梁。它的优点是：结构简单，工作可靠，成本低廉，维修方便。它既是悬架的弹性元件，又是悬架的导向装置。它的一端与车架铰接，可以传递各种力和力矩，并决定车轮的跳动轨迹。同时，它本身也有一定的摩擦减震作用。一举三得，所以广泛用于非独立悬架上。

2.气门弹簧

发动机配气机构常使用气门弹簧，如图4-31所示。气门弹簧的上座和下座主要作用是：将气门弹簧的张力施加给气门机构，确保气门和气门座气密性良好。同时在气门开闭过程中通过气门弹簧的张力施加一个扭转力，用来碾碎气门和气门座之间的积碳。这个扭转力就需要气门上座和气门下座完成。

图4-30 钢板弹簧　　图4-31 气门弹簧

3.扭杆弹簧

扭杆弹簧的两端因需要扭转，故制成为容易固定的形状，如图4-32所示。扭杆弹簧常用于汽车，尤其是小型客车的悬架用弹簧及军用车的悬架用弹簧。

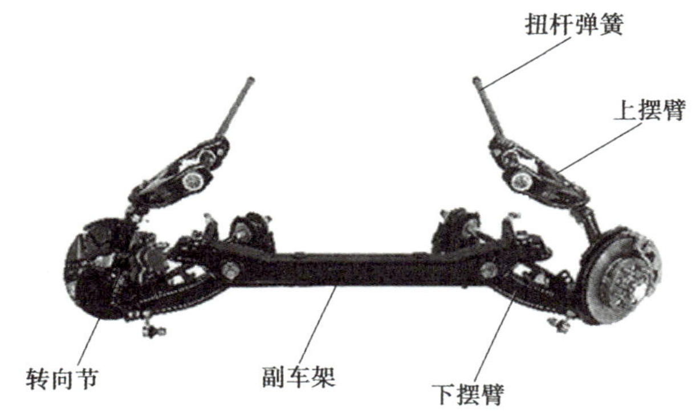

图4-32 扭杆弹簧的应用

4.膜片弹簧

膜片弹簧离合器（图4-33）是用膜片弹簧代替了一般螺旋弹簧以及分离杆机构而做成的离合器。膜片弹簧是碟形弹簧的一种，是用薄弹簧钢板制成的带有一定锥度，中心部分开有许多均布径向槽的圆锥形弹簧片。

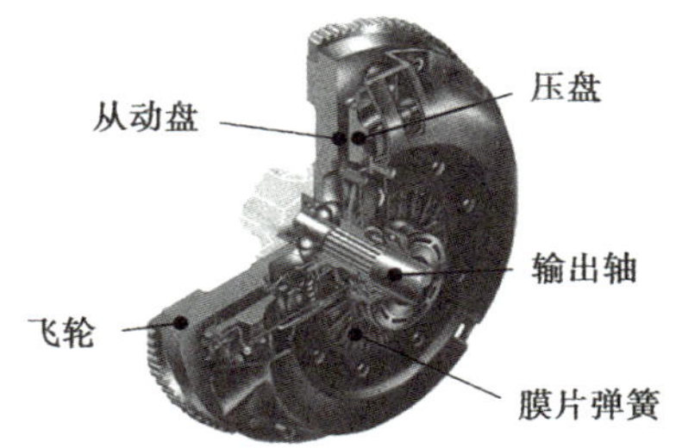

图4-33 膜片弹簧离合器

膜片弹簧本身兼起压紧弹簧和分离杆的作用，使得零件数目减少，质量减轻；其次，离合器结构大大简化并显著地缩短了离合器的轴间尺寸；再者，膜片弹簧具有良好的非线性特性，设计合适可使摩擦片磨损到极限，压紧力仍能维持很少改变，且减轻分离离合器时的踏板力，使操纵轻便。

任务检测

1.了解弹簧的功用。

举例说明弹簧的作用。

2.识别弹簧的类型。

指出图4-34中弹簧的种类。

    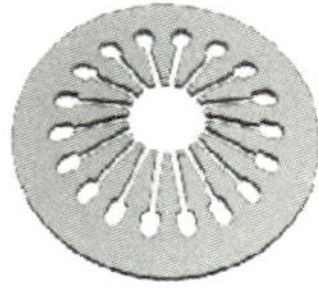

图4-34 弹簧的种类

3.了解弹簧在汽车上的应用。

气门弹簧应用于汽车__________，钢板弹簧应用于汽车__________，扭杆弹簧应用于汽车__________，膜片弹簧应用于汽车__________。

任务拓展

弹簧的材料

选择弹簧材料时，应考虑其用途、使用条件（载荷性质、大小及循环特性、工作持续时间、工作温度等）以及加工、热处理和经济性等因素。为了保障弹簧能够可靠地工作，其材料除应满足具有较高的强度极限和屈服极限外，还必须具有较高的弹性极限、疲劳极限、冲击韧性、塑性和良好的热处理工艺性等。

实践中应用最广泛的就是弹簧钢，其品种又有碳素弹簧钢、低锰弹簧钢、硅锰弹簧钢和铬钒钢等。当受力较小而又要求防腐蚀、防磁等特性时，可以采用有色金属。此外，还有用非金属材料制做的弹簧，如橡胶、塑料及空气等。

评价与反思

评价表

序号	考核项目	考核内容	配分/分	评分标准	得分
1	弹簧的功用	弹簧的作用	20	能描述弹簧的作用得20分	
2	弹簧的类型	弹簧的类型	20	能识别弹簧的类型得20分	
3	弹簧在汽车上的应用	弹簧在汽车上的应用	60	能说出弹簧在汽车上的应用得60分	
总　分			100	合　计	

反思

弹簧是利用它的弹性进行工作的。思考：空气弹簧应如何工作？

任务四 认识润滑

任务描述

本任务主要讲述润滑的作用、方式及润滑剂的选择。

关键点：润滑剂的类型和选用。

任务目标

完成本任务的学习后，你应：

★ 能描述润滑的作用；

★ 会判断润滑的方式；

★ 能说出汽车上润滑油的应用。

★ 能树立环保、健康和安全意识；明确地球是我们人类共同的家园的观念，破坏环境就是犯法；树立保护环境的法律意识。

视频认识发动机润滑系统

任务实施

一、润滑的作用

运转设备应加强润滑，以提高其运行质量及延长其使用寿命。润滑的作用主要体现在以下几个方面：

• 润滑：润滑剂能降低摩擦阻力以节约能源，减少磨损以延长机械寿命，提高经济效益。

• 冷却：润滑剂能够降低摩擦系数，减少摩擦热产生，而且能够带走产生的摩擦热。

• 密封：润滑剂特别是润滑脂，覆盖于摩擦表面或其他金属表面，可隔离空气、湿气或其他有害介质，保护摩擦面。

• 缓冲：润滑剂能将冲击振动的机械能转变为液压能，起到减缓冲击，吸收噪声的作用。

• 清洁：润滑剂在润滑过程中不断流动，可及时冲刷走摩擦表面上的磨屑及污物，防止发生磨粒磨损。

• 防锈：可以保护摩擦表面不受腐蚀。

二、润滑的方式

1.手工润滑

由操作工使用油壶或油枪向润滑点的油孔、油嘴及油杯加油称为手工给油润滑，主要用于低速、轻载和间歇工作的滑动面、开式齿轮、链条以及其他单个摩擦副。加油量依靠工人感觉与经验加以控制。

2.滴油润滑

依靠油的自重通过装在润滑点上的油杯中的针阀或油绳滴油进行润滑。它的结构简单，使用方便，但给油量不容易控制，振动、温度的变化及油面的高低，都会影响给油量。不宜使用高黏度的油，否则针阀易被堵塞，如图4–35所示。

3.飞溅润滑

利用浸泡在油池中的零件本身或附装在轴上的甩油环将油搅动，使之飞溅在摩擦面上。这是闭式箱体中的滚动轴承、齿轮传动、蜗杆传动、链传动、凸轮等广泛应用的润滑方式，如图4–36所示。

4.油环与油链润滑

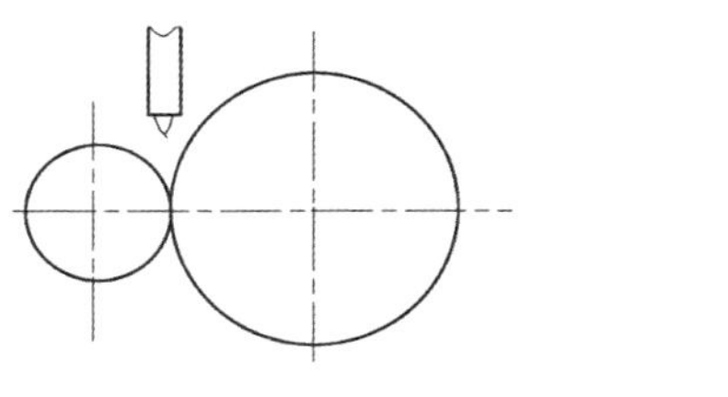

图4-35 滴油润滑

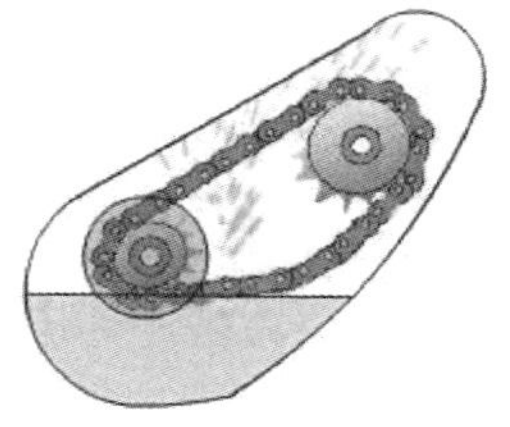

图4-36 飞溅润滑

依靠套在轴上的油环或油链将油从油池中带到润滑部位。

5.油绳与油垫润滑

一般是与摩擦表面接触的毛毡垫或油绳从油中吸油，然后将油涂在工作表面上。

6.自润滑

自润滑是将具有润滑性能的固体润滑剂粉末与其他固体材料相混合并经压制、烧结成材；或是在多孔性材料中浸入固体润滑剂；或是用固体润滑剂直接压制成材，作为摩擦表面。这样在整个摩擦过程中，不需要加入润滑剂，仍能具有良好的润滑作用。

7.油雾润滑

油雾润滑系统由油雾润滑装置、管道和凝缩嘴组成。油雾润滑装置主要由分水滤气器、调压阀及油雾发生器组成。

8.压力循环润滑

压力循环润滑是润滑油在油泵从油箱送到各润滑点后，又回到油箱，油可以循环使用，因此，润滑油损耗极少。由于供油充分，油还可以带走热量，冷却效果好，广泛应用于大型、重型、高速、精密和自动化的各种机械设备上，如发动机的润滑系统，如图4–37所示。

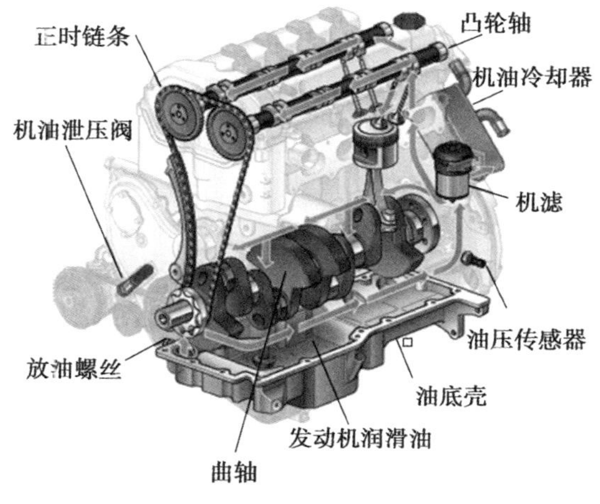

图4-37 发动机润滑系统

三、润滑剂的选择

润滑剂主要包括润滑油和润滑脂。

1.润滑脂

润滑脂是稠化的润滑油，俗称黄油。它具有较好的润滑性、可塑性和一定的粘附性。润滑脂在常温下可附着于垂直表面不流失，并能在敞开或密封不良的摩擦部位工作，具有其他润滑剂所不可替代的优点，常用于滚动轴承的润滑中。汽车转向节主销、钢板弹簧销子、刹车凸轮轴、转向拉杆球头销等部位可采用润滑脂进行润滑。

2.润滑油

润滑油具有润滑、冷却、防锈、清洁、密封和缓冲等作用。汽车上常见的润滑油为发动机润滑油和齿轮油。发动机润滑油又称“机油”，有汽油机润滑油和柴油机润滑油两种。发动机润滑油容易被污染，需要经常更换。温度不同，标准不同，夏秋季节统一使用40号。但是有些品牌汽车需要使用专用的品牌发动机润滑油。齿轮油有重型和轻型之分，一般用在变速箱和差速器上。

润滑油的黏度是形成润滑油膜的基本因素。在中转速、中负荷和温度不太高的工况下，选用中黏度的润滑油；在重负荷、低转速和温度较高的情况下，选用高黏度润滑油或添加极压抗磨剂的润滑油；在低负荷、高转速和低温等工况下，选用低黏度润滑油。

任务检测

1.了解润滑的作用。

请说出润滑的作用。

2.认识润滑的方式。

齿轮采用__________润滑方式，汽车发动机采用__________润滑方式。

3.认识润滑剂的选用。

滚动轴承常选用__________进行润滑；发动机润滑油又称__________。齿轮选用__________进行润滑。

任务拓展

汽车发动机润滑系统的保养方法

①坚持先暖车，后起步。一些司机在起动车后，往往会紧踩几脚油门，让发动机急速运转。殊不知，这样做会对发动机的零部件造成极大损害。因为发动机起动（尤其是冷起动）时，发动机工作温度较低，内部机件表面也未达到充分润滑，若此时发动机高负荷工作，会使内部机件的磨损加大，改变正常的配合间隙。良好的驾驶习惯应该是在发动机起动以后，先进行预热，使发动机冷却液达到正常工作温度（起码也要达到50 ℃以上），然后才能起步。

②经常检查发动机机油液位是否在规定的范围内，若低于下限应及时添加，但也不要

高于上限。添加时必须选用原厂规定的润滑油。

③机油滤清器要按照保养要求定期更换。

④当仪表中出现机油压力红灯指示闪烁时，意味着发动机的机油压力不正常或者传感器出现故障，此时必须选择安全的区域立即停车，并关闭发动机，检查机油液位及时补充机油，同时立即与汽车养护中心联系。切不可继续行驶，以免造成发动机损坏并影响行车安全。

小故事

更换的废机油不允许随意丢弃，一旦废旧机油渗入泥土中，很长时间都无法恢复，排入河流中，会污染水资源和各种鱼类的死亡。为了让大家重视环保、健康和安全意识，树立地球是我们人类共同的家园的观念，破坏环境就是犯法，为此，我国于2014年4月24日修订通过《环境保护法》，一旦破坏环境，会定义为“污染环境罪”而刑事拘留。

评价与反思

评价表

序号	考核项目	考核内容	配分/分	评分标准	得分
1	润滑的作用	润滑的作用	20	能描述润滑的作用得20分	
2	润滑的方式	润滑的方式	40	能识别润滑的方式得40分	
3	润滑剂的选择	润滑剂的选择	40	能正确选用润滑剂得40分	
总　分			100	合　计	

反思

1. 机油和齿轮油是汽车上的常用润滑油。思考：汽车上还有哪些油液？
2. 润滑脂和润滑油对比，各自的优点是什么？

练习

一、填空题

1.按照轴类零件的轴线形状可以分为：______、______、______3类。

2.轴主要由______、______和______3部分组成。

3.轴上零件常用的周向固定方法有______联接、______联接、______联接和______联接。

4.轴上零件常用的轴向固定方法有______定位、______定位、______定位、______定位、______定位和其他定位等。

5.滑动轴承一般由______、______、______和______等组成。

6.滑动轴承一般承受______之间的摩擦，具有工作平稳、无噪声、耐冲击、承载能力大/结构简单、成本低廉等特点，适用于______、______、______、有冲击的场合。

7.滚动轴承主要由______、______、______和______等组成。

二、选择题

1.汽车上驱动车轮的半轴属于（ ）。

A.曲轴 B.直轴 C.阶梯轴 D.挠性轴

2.汽车里程表的软轴属于（ ）。

A.曲轴 B.直轴 C.阶梯轴 D.挠性轴

3.滑动轴承有许多优点，但也有缺点，主要是（ ）。

A.结构复杂 B.不能受冲击

C.径向尺寸小 D.轴承磨损后间隙无法调整

4.滚动轴承中用于支撑在轴承座和机体上的零件称为（ ）。

A.外圈 B.内圈 C.滚动体 D.保持架

5.滚动轴承中用于支撑在轴上，一般随轴一起旋转的零件称为（ ）。

A.外圈 B.内圈 C.滚动体 D.保持架

6.下列轴的分类不是按轴线形状分的是（ ）。

A.直轴 B.阶梯轴 C.曲轴 D.软轴

7.汽车后桥半轴属于（ ）。

A.心轴 B.软轴 C.转轴 D.传动轴

8.大部分齿轮、带轮所在的轴为（ ）。

A.传动轴 B.转轴 C.心轴 D.曲轴

三、判断题

（ ）1.轴上安装传动零件的部位称为“轴头”。

（ ）2. 轴上安装轴承的部位称为“轴颈”。

（ ）3. 轴上连接轴头和轴颈的部位称为“轴身”。

（ ）4.推力滑动轴承就是翻边瓦。

（ ）5.高速轴承一般用润滑脂润滑。

（ ）6.紧定螺钉也可以起固定作用。

（ ）7.滚动轴承与其他零件的配合比较紧，拆装一般要应用压力机或轴承顶拔器。

（ ）8.转轴同时承受弯矩和扭矩两种作用，但本身不能转动。

四、问答题

1.轴上零件为什么要有轴向定位和周向固定？

2.滑动轴承有什么特点？

3.滚动轴承有什么特点？

4.润滑的作用是什么？润滑有哪些方式？

5.请说出弹簧在汽车上的应用？

参考文献

[1] 崔振民，张让莘. 汽车机械基础[M]. 北京：高等教育出版社，2005.

[2] 冯学敦. 汽车机械基础[M]. 北京：机械工业出版社，2011.

[3] 奚鹰，吴笑伟. 汽车基础教程[M].北京：北京大学出版社，2012.

[4] 侯子平. 汽车机械基础[M].北京：北京邮电大学出版社，2014.

[5] 卢剑虹. 汽车机械基础[M].北京：人民邮电出版社，2010.